まちごとチャイナ
広東省006

東莞
「アヘン戦争」と莞城・虎門
［モノクロノートブック版］

JN118534

香港、深圳から広州へと続く珠江東岸に位置する広東省の有数の都市、東莞。東莞という名称は、広州の「東」にあり、この地域に「莞草」が多く自生することから名づけられた。珠江にそそぐ東江の支流が網の目のように流れ、東部は客家も暮らす森林丘陵地帯、西部はアヘン戦争の舞台となった「虎門」を擁する珠江口（獅子洋、伶仃洋）となっている。そして珠江口から広東省東部に流れをさかのぼった東江のほとりに東莞の行政中心地「莞城」が位置する。

　　東莞という地名は東晋の331年におかれた東官郡にさかのぼり、莞城は唐代の757年以来の歴史をもつが、この地域は1500年のあいだ広東省の省都広州、もしくは増城（広州郊外）の周縁地域にあたり、南国のフルーツが実るのどかな田園地帯が続いていた。東莞が現在のようになるのは20世紀末以降のことで、1979年に香港に隣接する深圳が経済特

区に指定されると、開発速度が想定をうわまわり、東莞はその後背地として注目された。1988年、東莞市へと昇格し、工場用の土地や労働力を供給する深圳の衛星都市として東莞は発展するようになった。

　急激な需要にあわせて農村地帯につくられていった工場、仕事と機会を求めて訪れた出稼ぎ労働者、商品を製造する「世界の工場」という街の性格から、強い求心力をもつ伝統的な都市ではなく、東莞市全体に街（鎮）や市（墟）が点在する状況になっている。21世紀に入ってからは、長らくこの地方で演じてこられた粤劇、広東省を代表する庭園の可園をはじめとする東莞の嶺南文化が再評価された。博物館や図書館などの大型公共施設も充実し、現在、東莞は香港、マカオ、広州、深圳などからなる珠江デルタ経済圏（大湾区）の一角を構成している。

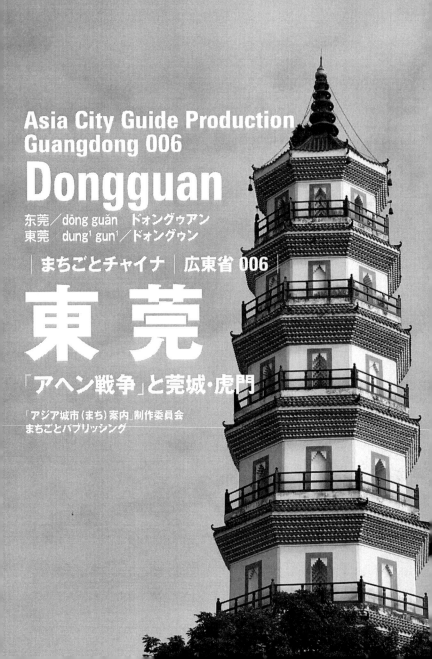

Asia City Guide Production
Guangdong 006
Dongguan

东莞／dōng guǎn　ドォングゥアン
東莞　dung¹ gun¹／ドォングゥン

｜まちごとチャイナ｜広東省 006｜

東 莞

「アヘン戦争」と莞城・虎門

「アジア城市（まち）案内」制作委員会
まちごとパブリッシング

Contents

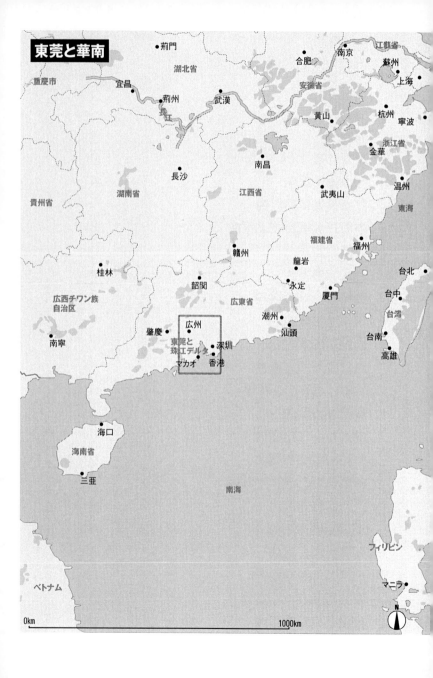

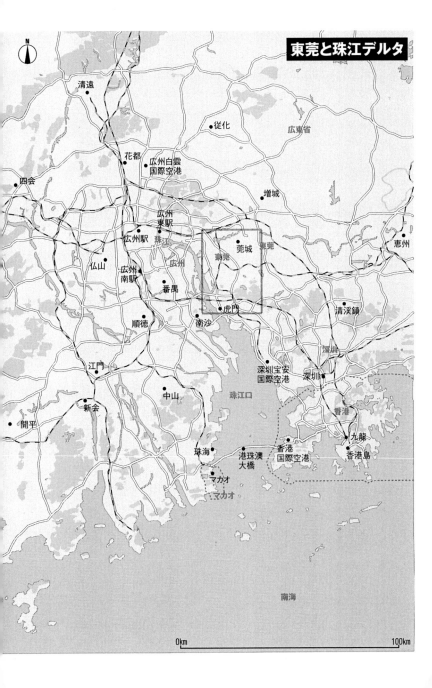

東莞と珠江デルタ

N

清遠
従化
広東省
花都
広州白雲
国際空港
四会
広州
東駅
増城
広州駅　珠江
莞城　東莞　恵州
仏山　　広州　東莞
広州
南駅
番禺
虎門
清渓鎮
順徳
南沙
深圳
江門
深圳宝安
国際空港　深圳
中山
珠江口
香港
新会
香港
国際空港　九龍
開平
珠海
港珠澳
大橋　香港島
マカオ
マカオ

南海

0km　　　　　　　　　　　　　　　　　　　　　　　　　　　100km

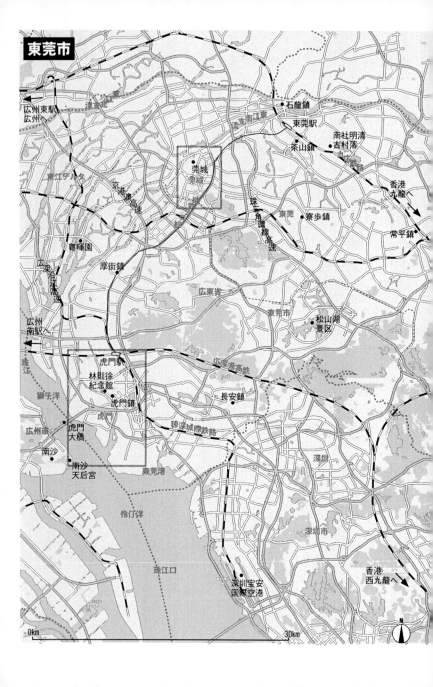

★★★
莞城／莞城 グゥアンチァアン／グゥンセェン
虎門／虎门 フウメェン／フウムゥン
アヘン戦争博物館(虎門林則徐紀念館)／鸦片战争博物馆（虎门林则徐纪念馆）　ヤアピィアンチァアン
チェンボオウウグゥアン(フウメェンリィンゼエシュウジイニィエングゥアン)／アアピィンジィンザァンボォッマアッグゥン(フウムゥンラムザアッ
チョオイゲエイニィムグウン)

★★☆
虎門鎮(虎門市街)／虎门镇 フウメェンチェン／フウムゥンザァン
珠江／珠江 チュウジイアン／ジュウゴォン
虎門大橋／虎门大桥 フウメェンダアチャオ／フウムゥンダアイキィウ
南社明清古村落／南社明清古村落 ナァンシェエミィンチィングゥチュンルゥオ／ナアムセエミィンチィングゥチュウンロオッ
粵暉園／粤晖园 ユゥエフゥイユゥエン／ユゥッファアイユゥン

★☆☆
東江／东江 ドォンジィアン／ドォンゴォン
東莞港／东莞港 ドォングゥアンガアン／ドゥングゥンゴォン
東莞駅／东莞站 ドォングゥアンチャアン／ドゥングゥンザアム
石龍鎮／石龙镇 シイロォンチェン／セエッロオンザァン
寮歩鎮／寮步镇 リィアオブゥチェン／リィウボォウザァン
常平鎮／常平镇 チャアンピィンチェン／ソォンピィンザァン
松山湖景区／松山湖景区 ソォンシャンフウジィンチュウ／チョオンサアアンウゥギインコォイ
厚街鎮／厚街镇 ホォウジィエチェン／ハアウガアイザァン
虎門駅／虎门站 フウメェンチャアン／フウムゥンザアム

Introduction
東江に寄りそいながら

**1978年、鄧小平によって改革開放が唱えられると
世界史でも類のない速度で深圳の街は発展し
その勢いは隣接する東莞にも波及することになった**

無名から珠江デルタの大都市へ

　1949年の建国以来、中華人民共和国では共産主義の計画経済がとられていたが、1978年、鄧小平(1904～97年)の指導のもと、資本主義の要素をとり入れる改革開放が進められた。その最前線となったのが、(1839年の東莞虎門でのアヘン焼却を契機とする)アヘン戦争(1840～42年)以後に植民地となった当時のイギリス領香港に隣接する深圳だった。中国にとっては香港やマカオは資本主義諸国への入口であり、世界各国から見れば深圳や広東省は中国への入口となった。改革開放以前、中国では民間の営利企業は認められていなかったが、1978年以降、広東省で外資の誘致が進み、各国企業は人件費の安い中国で生産し、製品を世界に輸出する「世界の工場」という性格が強まった。深圳の開発速度は想像以上に早く、当初の羅湖に続いてその西の福田に新市街がつくられた。こうしたなか省都広州と深圳のちょうどあいだの東莞の地の利が注目され、開発の波はライチの実るのんびりとした田園地帯の東莞にも押し寄せた(東莞莞城は西の広州まで50km、南の深圳まで90kmの地点にあり、広東省東部、香港、広州から伸びる3つの鉄道路線の集まる要衝でもあった)。香港、台湾、日本などの企業が1988年に市へと昇格した東莞に進出し、とくに当時、広がりを見せていたパソコンの部品を製造する工場がおかれ

た。1988年から30年ほどのあいだに年平均18%という驚異的な経済成長を見せ、東莞は無名の農業地帯から、中国でも上位の人口と経済力をほこる製造業の都市に発展した。広州や深圳に準ずるという意味で、東莞、南海、順徳、中山を広東の四小虎と呼ぶ。

歴史的東莞とは

　南嶺山脈以南の嶺南（広東省と広西チワン族自治区）は、古くは「百越の地」と呼ばれ、紀元前214年、始皇帝の秦の遠征で中国の版図に入った。その当時から華南地方の中心は広州にあり、明清時代には広東省の省都がおかれていた。東莞という地名は、この広州から見て「東」にあり、この地域に「莞草（水草、い草に似たカヤツリグサ科シチトウ）」が多く自生することから名づけられている。また「莞」はこの地方の名産である香料の莞香と関係するともいう。広大な内陸の領土をもつ中国にあって、珠江口（海）に近い東莞は、人間の生活にかかせない塩（海塩）の産出地であり、古くは漢の武帝（紀元前156～前87年）時代にこの地に塩官がおかれていた。三国呉（265年）にも東莞に塩官がおかれ、また331年に東官郡が設置されているが、それは深圳南頭（宝安県）の場所にあった。この東官が梁代（502～557年）に同じ音の東莞（ドンガン）に変わり、以後、東莞と表記されている。唐代の757年、東莞（宝安県）は莞城（現在の東莞の中心）に遷ってきて、このときから現在の東莞につらなる系譜がつくられていく。東莞という地名は、珠江河口部東岸のエリアで広く使われ、時代によっては深圳や香港にとどまらず、対岸の中山、珠海、マカオをふくむ領域をさした。それは一定することなく、広州に所属したり、増城に編入されたり、深圳南頭の管轄にあったりしたが、歴史を通じて共通するのは海辺の防衛拠点であったこと、塩の産地であったことがあげられる。15～16世紀に大航海時代を迎えた西欧は、南海からもっとも近い大都市である広州を訪れ、

広東四大名園のひとつ可園

莞城南郊外の中央商務区、巨大建築が集まる

中国の簡体字で書かれたスローガン

海のようなたたずまいの珠江

東莞(虎門)はそこにいたるための要衝となっていた。また東莞(寮歩)は莞香の産地として知られ、アヘン戦争(1840〜42年)でイギリスに割譲された香港の名前は「莞香の積出港」であったことによる。このような経緯をたどってきた東莞は、中華の歴史から見ると広州周縁部の田園地帯に過ぎなかったが、20世紀後半になると大きな転換期を迎える。1978年からはじまる改革開放で、香港に隣接する農村地帯に過ぎなかった深圳に経済特区がおかれて都市化が進むと、パズルのピースを埋めるように、広州と香港深圳のあいだの空白地帯(田園地帯)の東莞が注目された。そこから急速に開発がはじまり、1988年に省以下、県以上の権限をもつ地級(地区レベル)の東莞市に昇格して現在にいたる。

いくつもの鎮が集まって東莞市をつくる

　明清以前から東莞の行政府がおかれてきた莞城(莞城区)を中心に、常平鎮、石龍鎮、清渓鎮、虎門鎮、長安鎮、厚街鎮といったいくつもの「鎮」が集まって東莞市を構成する。中央を頂点に省、市、県、郷(鎮)と続く中国の行政機構にあって、東莞の行政単位は市と郷(鎮)のあいだの県が省略され、「郷」ではなく「鎮」という単位が使われている。それは東莞という地域の性格を示すもので、中国では農業人口の多いエリアは「郷」、非農業人口の多いエリアは「鎮」に大きくわけられる(製造業に従事する出稼ぎ労働者が多く集まる東莞は「鎮」の行政単位をもつ)。東莞では莞城に行政府がおかれていた経緯はあるものの、広州や他の中国の地方都市と同様の重厚な歴史はもたず、各地の市場や集落が集まって鎮が形成されて現在の姿になった。清代の1730年、東莞には12の市、37の墟(市場)があったという記録が残っている。こうしたなかで、広州へ続く珠江口に位置する「虎門鎮」、珠江支流の東江沿いに位置する「莞城(かつての莞城鎮)」、貿易市場で清代の広東四大名鎮のひとつ「石龍鎮」、内陸部にあり莞香の産地であっ

た「寮歩鎮」が主要な街だった。清末、南海に近い虎門太平から莞城、そこから東江を通じて上流の石龍へは200を超す船が往来していたという。こうした東莞市の各鎮が分散して並立している状況は、現在も続き、松山湖科技産業園区は創新と創業、虎門鎮は商業と貿易、常平鎮は物流、塘廈鎮は加工製造というように各鎮が特徴ある性格をもっている。

東莞をつくった人たち

ほとんどなにもない広東省の田園地帯から、20世紀末以降、巨大な工業区や商業地域が東莞に立ちあがった。この街の造営にあたって、労働力となったのが中国内陸部から仕事を求めて出稼ぎにやってきた農民工で、深圳や東莞は仕事の少ない内陸に暮らす農民の雇用の場となった（地方の農民の戸籍をもったまま、都市で労働に従事する人を農民工といった）。東莞では中国内陸部から訪れた若い女性たちが、農民籍のまま2～3年間働き、帰郷していく姿が見られ、当時、来るときは2か月を要してトラクターを乗り継いでくることもあったという。沿岸部と内陸の農村部のあいだで格差のある中国では、故郷の父親の年収ほどの月収を都市部で稼ぎ出し、そして帰省するという構図があり、内陸部には無尽蔵とも言えるほどの人口がいたために次々と安い労働力が供給された。こうして出稼ぎ労働者が訪れる農民工（労働者）が担い手となって、街は発展していき、外来人口（農民工）と戸籍人口は6対1の比率にもなったという。この地方出身者は地元の広東人と区別して、「新莞人」という名称で知られた。

東莞の構成

東莞市は東の丘陵地帯が高く、西の沖積平野が低い地形をもち、東から西に向かって珠江の支流である東江が流れ、獅子洋（珠江口）にそそぐ。河口部のデルタ地帯は、潮流（海水の

満ち引き）の影響を受け、この淡水と鹹水の境界点に東莞市の行政府である莞城がおかれている。東莞の主要な街は、東江沿いにあり、恵州方面からの流れが北支流と南支流にわかれる地点に清代の広東四大名鎮のひとつ「石龍鎮」が、河口部に広州への門の役割を果たした要衝であり、アヘン戦争の舞台となった「虎門鎮」が位置する。かつて東江の流れが、この石龍鎮（東莞駅）、莞城、虎門鎮を結んだように、現在は「地下鉄2号線」がこれらの市街地を結び、東莞の大動脈となっている。この東江にそって弧を描く南北の軸線に対して、香港九龍と広州を結ぶ東西の軸線「九広鉄路」が東莞市北部（東莞駅）を走り、香港西九龍と広州南駅を結ぶもうひとつの東西の軸線「広深港高速鉄路」が東莞市南部（虎門駅）を走る。これが東莞市の基本構造で、そのほかに深圳に近い清渓鎮をはじめ、厚街鎮、常平鎮などの各鎮、また華為が拠点を構える環境のよい松山湖景区（東莞松山湖高新技術産業開発区）などが点在している。また地図を鳥瞰すれば、北の九広鉄路と南の広深港高速鉄路というふたつの鉄道で、香港深圳と広州につながっているほか、獅子洋と伶仃洋をわけるように虎門大橋が珠江口にかかり、対岸の広州南沙と結ばれている。東莞虎門と香港、マカオ、広州との船の便が往来し、珠江デルタは一体感を増している。

Guan Cheng
莞城城市案内

莞城は東莞の主都であり、唐代にさかのぼる歴史をもつ
東莞という都市をさすとき
その多くがこの莞城のことを意味する

莞城／莞城★★★
北 guǎn chéng 広 gun¹ sing⁴
かんじょう／グゥアンチャアン／グゥンセェン

　東莞の政治、文化、経済の中心であり、東江のほとりに位置
する莞城。東莞という地名は、331年におかれた東官郡にさ
かのぼるが、この東官郡(宝安県)は深圳南頭古城にあった。南
朝梁の507年、東莞郡という地名となり、そして757年、宝安県
が当時、「到涌」と呼ばれていたこの地に遷ってきたことで、
莞城の歩みははじまった(新石器時代の蠔崗貝丘遺址、漢代から唐代
にかけての墳墓も残っている)。莞城の地は、ちょうど鹹水(海の塩
水)と淡水(川の飲み水)の境界地点にあたり、塩の生産にも、果
樹の栽培にも都合がよく、東江を利用した水上交通や物資の
集散にも適していた。宋元時代、海上交易の高まりを受けて、
莞城も発展し、この時代、多くの漢族が南遷してきて漢文化
がもたらされた。現在の莞城の姿となるのは明代のことで、
1381年、倭寇対策の南海衛がおかれて軍事拠点となり、1384
年に莞城旧城が築かれた。周囲に城壁をめぐらせた旧城には
東西南北に和陽門、迎恩門、崇徳門、鎮海門という4つの門が
あり、東江(波止場)に近い迎恩門は今も残っている。明代中期
以後、西門の迎恩門城外も発展し、清代、莞城城内の「三坊一
廂」と莞城城外の「十二坊」が知られていた(明清時代、「東莞」とい
う地名の城寨が深圳におかれたが、水運の要衝である莞城はそのあいだも発

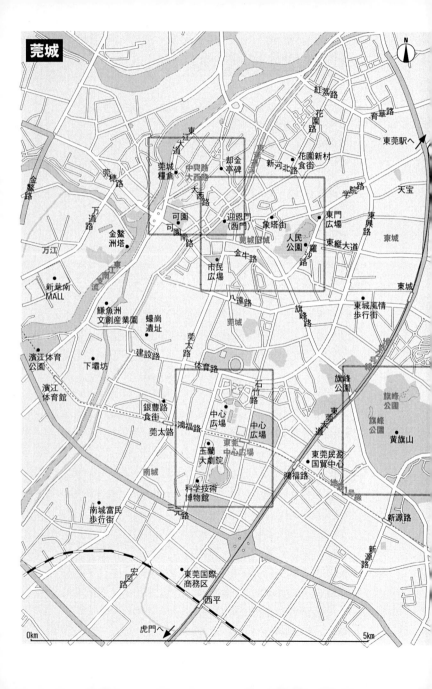

莞城

N

東莞駅へ

紅荔路
花園路
育華路
天宝

莞穂路
金繁路
東大道
莞城糧倉
中興路大西路
却金亭碑
花園新村食街
新河北路
学院路
東興路
東城

万道路
可園
可園南路
大西路
迎恩門(西門)
象塔街
東門広場
東城

金繁洲塔
莞城遺城
人民公園
羅沙路
東縦大道

万江
東江南支流
市民広場
金牛路
東城

新華南MALL
鎌魚洲文創産業園
蟎崗遺址
莞城
八達路
旗峰路
東城風情歩行街

濱江体育公園
下壩坊
建設路
莞太路
旗峰公園
旗峰公園
旗峰公園

濱江体育館
体育路
石竹路
東莞大道
黄旗山

銀豐路食街
中心広場
中心広場
莞太路
鴻福路
東莞中心広場
東莞民盈国貿中心

南城
玉蘭大劇院
科学技術博物館
鴻福路
新源路

南城富民歩行街
三元路
新源路

宏図路
東莞国際商務区
西平

虎門へ

0km
5km

★★★
莞城／莞城 グゥアンチアアン／グウンセェン
可園／可园 カアユウエン／ホオオユウン

★★☆
迎恩門(西門)／迎恩门 イィンエェンメェン／イェンヤアンムゥン
象塔街(象塔街歴史街区)／象塔街 シィアンタアジィエ／ジャアンタアッガアイ
中興路-大西路歴史文化街区／中兴路-大西路历史文化街区 チョンシィンルウダアシイルウリィシイウェンフゥアジィエチュウ／ジョオンヒインロウダアイサアイロウリィッシイマンファアガアイコオイ
大西路／大西路 ダアシイルウ／ダアイサアイロウ
金鰲洲塔／金鳌洲塔 ジンアアオチョウタア／ガアムンゴオウザアウタアッ
鎌魚洲文創産業園／鎌鱼洲文创产业园 ジィアンユウチョオウェンチュゥアンチャンイエユウエン／ギムユゥザアウマンチョオンチャアンイィッユゥン
下壩坊／下坝坊 シィアバアファン／ハアバアフォン
東莞中心広場／东莞中心广场 ドゥオンゥアンチョンシィングゥアンチャアン／ドゥオングゥンジョオンサアムグゥオンチャアン
東莞民盈・国貿中心／东莞民盈・国贸中心 ドゥオンゥアンミィンイィングゥオマアオチョオンシィン／ドゥオングゥンマンイィンゴゥオマアウジョオンサアム
旗峰公園／旗峰公园 チイフェンゴォンユウエン／ケイフォンゴォンユウン

★☆☆
東莞人民公園／东莞人民公园 ドゥオンゥアンレンミィンゴォンユウエン／ドゥオングゥンヤアンマングォンユウン
東門広場／东门广场 ドゥオンメェングゥアンチャアン／ドゥオンムゥングゥオンチアアン
花園新村食街／花园新村食街 フゥアユウエンチュゥンシイジィエ／ファアユウンサアンチュウンセッガアイ
東莞運河／东莞运河 ドゥオンゥアンユゥンハア／ドゥオングゥンワァンホオ
却金亭碑／却金亭碑 チュエジィンティンベェイ／カアッガアムティンベエイ
莞城糧倉／莞城粮仓 グゥアンチャアンリィアンツァン／グゥンセェンロオンチョオン
東江／东江 ドゥオンジィアン／ドゥンゴオン
万江／万江 ワァンジィアン／マアンゴオン
新華南MALL／新华南摩尔 シィンフゥアナァンモオアア／サアンワアナアムモオイィ
濱江体育公園／滨江体育公园 ビィンジィアンティイユウゴォンユウエン／バアンゴオンタアアイヨオッゴオユウン
市民広場／市民广场 シイミィングゥアンチャアン／シイマングゥオンチアアン
莞太路／莞太路 グゥアンタアイルウ／グゥンタアイロウ
東莞銀豊路食街／东莞银丰路食街 ドゥオンゥアンイインフェンルウシイジィイジィエ／ドゥオングゥンンガアンフォンロウシイッガアイ
蠔崗遺址／蚝岗遗址 ハアオガアンイイチイ／ホオウゴオンワァイジイ
南城／南城 ナァンチャアン／ナアムセェン
鴻福路／鸿福路 ホォンフウルウ／ホォンフウゥロウ
東莞市科学技術博物館／东莞市科学技术博物馆 ドゥオンゥアンシイイカアシュゥエジイシュウボオウゥグゥアン／ドゥオングゥンシイフオオホオッゲエイゾオッボオッボオッマアッグゥン
東莞玉蘭大劇院／东莞玉兰大剧院 ドゥオンゥアンユウランダアジュウユウエン／ドゥオングゥンヨオラアンダアイケエッユウン
東莞国際商務区／东莞国际商务区 ドゥオンゥアングゥオジイシャアンウウチュウ／ドゥオングゥンゴゥオッジャイソオンモウコオイ
南城富民歩行街／南城富民步行街 ナァンチャアンフウミィングウシィンジィエ／ナアムセェンフウマンボウハアンガアイ
東莞東城風情歩行街／东莞东城风情步行街 ドゥオンゥアンドォンチャアンフェンチインブウシィンジィエ／ドゥゥングゥンドゥンセェンフォンチインボウハアンガアイ

展を続けた)。「象塔街」や「興賢里歴史文化街区」は明清時代に多くの書院を抱え、多くの文人を輩出して学問や文化の隆盛した莞城の名残りを今に伝えている。また東江を通じて川下の虎門鎮と川上の石龍鎮を往来する船も盛んで、河港の碼頭により近い「中興路-大西路歴史文化街区」(西関)は清末から中華民国時代にかけて繁栄し、広東四大名園のひとつ可園もここ西関に位置する。1978年にはじまった改革開放で深圳が発展をとげると、衛星都市としての東莞が注目され、その政府機能が莞城に集まった。工業化、都市化の波のなかで、大量の人口が流入し、莞城の街区は南へ大きく拡大している。

莞香・莞草・莞塩、「莞」の城

「莞香(東莞の香料)」「莞草(東莞の水草)」「莞塩(東莞の塩)」を東莞三大特産品という。東莞という地名が広州から見て「東」のこの地域に、「莞」草という水草が茂っていたことに由来するように、「莞草(水草、い草に似たカヤツリグサ科シチトウ)」は耐塩性、保水性のある単子葉の多年生植物で、乾かして蓆のマットのように使い、寝たり休んだりすることができた。また東莞の特産品として名高い「莞香」は名白木香、女児香、崖香とも呼ばれる香木で、唐代から植えられはじめ、元代、この香りがペルシャ人(商人)を喜ばせたという。莞香の産地は莞城から15kmほど離れた寮歩にあり、寮歩、茶山などで莞香市場が見られた。明清時代には莞香は中国全土で知られ、当時、朝廷に納める貢物としてもあつかわれたほか、茶、陶磁器、絹のほかに、香料も海のシルクロードを通じて運ばれた(かつて東莞と香港は行政単位を同じくし、香港という地名は「莞香を積み出す港」という意味だった)。もうひとつの特産品が「莞塩(東莞の塩)」で、人間が生活に必ず必要とし、内陸に広い中国では海からとれる塩は国家の専売であり、南海に近い東莞は漢(紀元前202～220年)代から塩の産地として知られていた。三国呉(222～280年)時代には東莞の沿岸に塩田が設置され、331

年、この地におかれた東官郡(宝安県)は塩の管理を目的とした。東莞の塩業は、清朝乾隆年間(1735〜95年)まで1500年以上にわたって存続し、莞城が、南海へ流れる東江がちょうど海水の影響を受けるぎりぎりの位置(鹹水と淡水のあいだ)におかれたことも注目される。これらの特産品のほか、ライチ(荔枝)、バショウ、みかん、龍眼、サトウキビなど、亜熱帯のフルーツを産出し、「莞」という漢字はほかの意味で使われることはあまりなく、東莞のことをさす。

水の都

　東莞とは「広州東の莞草がしげる場所」に由来し、莞草は水中に生育する水草のことだった。757年に行政府がおかれる以前の莞城の名前を到涌といい、それは「謂東江所到之港(東江に続く港)」を意味した。東莞には到涌のほかにも麻涌、新涌、阮涌といった地名が残っていて、「涌」とは「水路」を意味する。広東省東部から流れてくる東江は、莞城上流の石龍鎮で、東江北支流と東江南支流にわかれる。東江南支流は莞城北部で東江南支流と東莞水道にわかれ、さらに莞城西部で東莞水道と万江、中堂水道、汾溪河に分流していく。東江デルタ地帯にあって、莞城はちょうど鹹水と淡水がまじわるところに位置し、塩水の影響を受けるぎりぎりの地点にあった(元代、東江に堤防が築かれたという記録が残る)。そのため、古くから塩業はさかんであったが、農業はさかんでなく、毎年のように洪水と干ばつに見舞われる莞城では、淡水を運ぶための運河はなくてはならないものだった。莞城に淡水を運ぶための東莞運河は明清時代の護城河を利用していて、東江から分水する東莞運河と防潮堤が1970年代には完成し、灌漑用水や飲料水用として使われた(またこの東莞運河に並行して流れ、厚街で東江に流入する東引運河も開削された)。東江デルタ地帯では、縦横無尽に水路が流れるが、この東江の水との関係のなかで、莞城は歩んできた。

莞城旧城の構成

　もともと莞城の街は東江から少し離れて位置し、東江とは水路(涌)で結ばれ、莞城の古名も到涌「謂東江所到之港(東江に続く港)」といった。明清時代の莞城の面影を残すのが迎恩門(西門)であり、城壁に囲まれた莞城旧城は明代の1384年に築かれた。西門から東門までは直線距離で1.3㎞ほどの小さな街だが、東江を前に黄旗山を背後に抱える風水をもち、自然の山と水路の地形をもとにつくられている。鉢盂山、道家山を城内に囲い込み、金牛路、羅沙路のつくる南側の逆三角の頂点に盂山が立つ。そして現在の新風路が北側の城壁にあたり、莞城旧城はいびつな五角形のプランとなっていた。この莞城旧城のなかで、西門と東門から中央に伸びる西正路と東正路が大動脈であり、北門へ続く北正路にそって運河が流れていた。かつては東門(和陽門)、南門(崇徳門)、北門(鎮海門)とあり、そして現在、西門(迎恩門)のみが残っていて、それは東江を通じてこの街を訪れる人が多かったことを示している。西正路と東正路の交わる中心部に、元代以来、市場がおかれ、南漢時代の故事が伝わる象頭街では古い街並みが残っている。東門(東門広場)近くに、莞城の歴史的県衙があり、官公庁、文教施設や宗教施設は旧城東部に、東江により近い西門近くに商業街があるという構図であった。そして「西門羅(氏)」「北街何(氏)」「市橋彭(氏)」というようにそれぞれのエリアに東莞の名門一族が暮らしていた。清代には、莞城旧城の市街は迎恩門(西門)外に拡大し、十二坊(西関)といって物資の集散する港町のにぎわいを見せた。清末、ここ西関に建てられた広東四大名園のひとつ「可園」や民国時代の騎楼が続く「中興路-大西路歴史文化街区」が残り、当時の面影を伝えている。この西関と西門(迎恩門)、西正路あたりが伝統的な莞城の繁華街で、20世紀末の改革開放以後は東門外の東縦路や東城路一帯も発展するようになった。

東莞／「アヘン戦争」と莞城・虎門

Guan Cheng Jiu Cheng
莞城旧城城市案内

1978年にはじまる改革開放は東莞にも波及した
深圳の後背地として見いだされた東莞には
唐代より持続する街、莞城旧城があった

迎恩門(西門)／迎恩门★★☆
⑪ yíng ēn mén　⑰ ying⁴ yan¹ mun⁴
げいおんもん／イィンエェンメェン／イェンヤアンムゥン

　明清時代の東莞の面影を今に伝える莞城旧城西門の迎恩門(迎恩城楼、西城楼)。莞城旧城は唐代の757年に築かれた歴史をもち、当時の城壁は泥製、西の城門はレンガでつくられていた。明代の1384年、倭寇対策の南海防衛という目的で、新たに石づくりの門が建てられ、「迎恩」の扁額がかかげられていた(そのときの西門は、仔城のものと迎恩門の二重の門であった)。これが現在の迎恩門の前身で、東江に続くこの門はいわば莞城の正門にあたり、明代の官吏や商人は迎恩門を通って莞城に入っていった。清代の乾隆年間(1772年)、莞城旧城の4つの門すべてが台風で破壊され、その18年後、いち早く迎恩門が再建され、続いて残りの3つの門も再建された。現在の迎恩門は、基壇の城壁は清代のものだが、上部の楼閣は清末に破壊され、民国時代に再建されたのち、1958年に現在の姿となった。そのとき莞城の象徴的建築であった資福寺(現在の莞城中心小学の場所に立っていた)の大雄宝殿の瑠璃瓦が使われた。2005年に再び、大改修され、赤い壁と柱をもつ二層の堂々とした姿を見せる莞城の象徴的建築となっている。

莞城旧城

花園新村
食街
花園路
新河北路
中興路-大西路
歴史文化街区
運河西路
東莞運河
光明路
運河東一路
安靖路
安靖郷街
新風路
新光明街
夜市
文順坊
キリスト教
莞城福音堂
仁和里
莞城中心
小学
興賢里歴史
文化街区
北正路
万寿路
莞城旧城
東門路
迎恩門
(西門)
西正路
市橋路
象塔街
東正路
東門広場
鳳来路
象塔街
西城楼大街
聚賢坊広場
邁豪街
新芬路
東莞博物館
東莞科学館
人民公園
莞城美術館
向陽路
金牛路
南門路
南城路
羅沙路
金牛横路
莞城
旗峰路

0km   1km

N

西城楼大街聚賢坊広場／西城楼大街聚贤坊广场★☆☆

北 xī chéng lóu dà jiē jù xián fāng guǎng chǎng　広 sai¹ sing⁴ lau⁴ daai³ gaai¹ jeui³ yin⁴ fong¹ gwóng cheung⁴

せいじょうろうだいがいしゅうけんぼうひろば／シイチアンロォウダアジィエジュウシィアンファングゥアンチアン／サアイセェンロォウダアイガアイジョインフォングゥオンチアン

　　迎恩門そばに位置し、ショッピングモールやレストランの集まる西城楼大街聚賢坊広場。莞城では中心部から迎恩門、その先の東江へ通じる一帯（大西路）が発展し、西城楼大街聚賢坊広場界隈は莞城と西関を結ぶ地点に位置する。東莞文化広場、莞城商業中心などが集まるこのあたりは莞城最大の商圏のひとつ西城楼商圏を形成する。西城楼大街聚賢坊広場には、倉前街や西関街などの古い時代の莞城を思わせる通り名が残っている。

★★★
莞城／莞城 グゥアンチアアン／グゥンセェン

★★☆
迎恩門 (西門)／迎恩门 イィンエェンメェン／イェンヤアンムゥン
象塔街 (象塔街歴史街区)／象塔街 シィアンタアジィエ／ジャアンタアッガアイ
中興路-大西路歴史文化街区／中兴路-大西路历史文化街区 チョンシィンルウダアシイルウリイシイウェンフゥアジィエチュウ／ジョオンヒインロォウダアイサアイロォウリィッシイマンファアガアイコォイ

★☆☆
西城楼大街聚賢坊広場／西城楼大街聚贤坊广场 シイチアンロォウダアジィエジュウシィアンファングゥアンチアン／サアイセェンロォウダアイガアイジョインフォングゥオンチアン
西正路／西正路 シイチァアンルウ／サアイジィンロォウ
市橋路／市桥路 シイチァオルウ／シイキゥロウ
興賢里歴史文化街区／兴贤里历史文化街区 シィンシィエンリィイシイウェンフゥアジィエチュウ／ヒインインレェイリィッシイマンファアガアイコォイ
北正路／北正路 ベェイチャアンルウ／バッジィンロウ
東莞博物館／东莞市博物馆 ドゥングゥアンシボオウウグゥアン／ドォングゥンボッマッグゥン
東莞科学館／东莞科学馆 ドゥングゥアンカアスュウエグゥアン／ドォングゥンフォオホッグゥン
キリスト教莞城福音堂／基督教莞城福音堂 ジイドゥウジアオグゥアンチャアンフウィインタァン／ゲエイドッガアウウグゥウンセェンシィンフォッヤアムトォン
東莞人民公園／东莞人民公园 ドゥングゥアンレンミィンゴォンユウエン／ドォングゥンヤァンマングォンユゥン
東門広場／东门广场 ドォンメェングゥアンチァアン／ドォンムゥングゥオンチャアン
花園新村食街／花园新村食街 フゥアユエンチュンシィジィエ／ファアユウンサァンチュウンセッガアイ
東莞運河／东莞运河 ドゥングゥアンユゥンハア／ドォングゥンワァンホオ
新光明街夜市／新光明街夜市 シィングゥアンミィングジイエイシイ／サアングゥオンミンガアイイエシイ
莞城美術館／莞城美术馆 グゥアンチャアンメイシュウグゥアン／グゥンセェンメイソオッグゥン

西正路／西正路 ★☆☆

⊕ xī zhèng lù　⑤ sai¹ jing² lou³
せいせいろ／シイチャンルウ／サアイジィンロウ

　　迎恩門から莞城旧城の中心部へと伸び、東莞でもっとも古く由緒正しい通りの西正路。西正路と市橋路とともに唐代に建設され、長らく西門正街といったが、1955年に西正街、1980年に西正路と改名された。長さ300m、幅20mで、靴や帽子、衣料品、貴金属をあつかう店舗、大型ショッピングモールが集まり、西城楼商圏の中心的存在となっている（市橋路、北正路、城外の振華路、大西路を結び、1978年に改革開放がはじまったころ、ここが東莞でもっともにぎやかな通りだった）。明清時代の莞城西門外には社稷壇があったほか、鳳凰台という文人たちの集まる場所もあった。それは1450年、宦官の悪巧みを未然にふせいで皇帝から恩賞を得た羅亨信が故郷の莞城に戻ってきて、鳳台詩社を組織した場所であり、その後、莞城西門に暮らす羅一族は「西門羅（氏）」とたたえられた。

市橋路／市桥路 ★☆☆

⊕ shì qiáo lù　⑤ si, kiu⁴ lou³
しきょうろ／シイチャアオルウ／シイキィウロウ

　　莞城旧城でもっとも古い歴史をもつ市橋の名前を今に伝える長さ165m、幅23mの市橋路。宋代初期、北門方面から東江と続く水路（到涌）にかかる簡素な橋があり、そこで「市」が立っていた。元代の1300年に木の橋がかけられ、徳安橋と名づけられ、清代の1792年に花崗岩製の長さ15m、幅4.5mの石橋がかけられて「市橋」と呼ばれた。この市の立つ橋は、東西の通りと南北の水路が交わる莞城屈指の要衝であり、橋の下を水路（北正路沿い）が走り、船が絶えず往来していたという。春になって雨が降ると水路の水がみなぎってあふれ出すことから「市橋春漲」といって、東莞八景にあげられる風物詩も見られた。市橋路、万寿路、新芬路の交わる三叉路あたりは魚や肉、野菜の売られる「三角市」として知られた

長らくこの街の目抜き通りであった西正路

莞城1000年の歴史を伝える博物館

迎恩門（西門）は明代に建てられて以来、この街の顔だった

象塔街

興賢里歴史
文化街区

北正路

万寿路

市橋路

象塔街

西正路

同徳街

東正路

象塔街
歴史街区

西城楼大街

遵豪街

風来路

新芬路

東莞博物館

西城楼大街
聚賢坊広場

莞城旧城

東莞
科学館

科書博
広場

向陽路

南城路

人民
公園

0m　　　　　　　　　　　　　　　500m

莞城中心部

東江大道

中興路-大西路
歴史文化街区

却金
亭碑

東江南支流

新光明街
夜市

新風路

大西路

北正路

莞城旧城

東門路

可園北路

万寿路

東門
広場

可園

迎恩門
(西門)

西正路

象塔街

東正路

東城

可園南路

莞城街

金鰲
洲塔

東江南支流

向陽路

南城路

人民
公園

羅
沙
路

莞城
美術館

市民
広場

金牛路

莞城

0km　　　　　　　　　　　　　　　2km

ほか、彭氏が暮らしていたことから彭屋大街(「市橋彭」)とも
いった。

興賢里歴史文化街区／兴贤里历史文化街区★☆☆

(北) xìng xián lǐ lì shǐ wén huà jiē qū　(広) hing¹ yin⁴ lei, lik³ sí man⁴ fa² gaai¹ keui¹
こうけんりれきしぶんかがいく／シンシィエンリィイシイウェンフゥアジィエチュウ／ヒインインレィリッシイマンファァガガアイコォイ

　　明清時代にもっともにぎわった莞城西門と市橋、北門に
近く、文人を多く輩出した興賢里歴史文化街区。北の北正路
二巷、東の北正路、南の西正路、西の賜帰巷内の東西175m、
南北144mのエリアで、もともと郭氏が暮らしていたが、そ
の後の明代に陳氏が移住して祠廟を建て「興賢里(賢人を輩出
する里)」と呼ばれるようになった。通りの入口には「興賢里」

★★★
莞城／莞城 グゥアンチァアン／グゥンセェン
可園／可园 カアユゥエン／ホォオユゥン

★★☆
迎恩街(西門)／迎恩门 イィンエェンメェン／イェンヤアンムゥン
象塔街(象塔街歴史街区)／象塔街 シィアンタアジィエ／ジャアンタアゥガガアイ
中興路-大西路歴史文化街区／中兴路-大西路历史文化街区 チョンシィンルウダアシイルウリィイシイウェンフゥアジィエ
チュウ／ジョオンヒインロウダアイサアイロウリィッシイマンファァガガアイコォイ
大西路／大西路 ダアシイルウ／ダアイサァイロウ
金鼇洲塔／金鳌洲塔 ジンアァオチョウタア／ガアムジンゴゥオザアウタアッ

★☆☆
西城楼大街聚賢坊広場／西城楼大街聚贤坊广场 シィチァアンロォウダアジィエジュウシィアンファングゥアンチァアン／
サアイセェンロォウダアイガアイガアイジョオインフォングゥオンチァアン
西正路／西正路 シィチァアンルウ／サアイジィンロォウ
市橋路／市桥路 シィチァアオルウ／シイキゥロォウ
興賢里歴史文化街区／兴贤里历史文化街区 シィンシィエンリィイシイウェンフゥアジィエチュウ／ヒインインレィリッシイマン
ファァガガアイコォイ
北正路／北正路 ベイチァアンルゥウ／バッジィンロゥウ
東莞博物館／东莞市博物馆 ドングゥアンシイボオウゥグゥアン／ドォングゥンボッマッグゥン
東莞科学館／东莞科学馆 ドングゥアンカアシュゥエグゥアン／ドォングゥンフオホォッグゥン
東莞人民公園／东莞人民公园 ドングゥアンレェンミィンゴォンユゥエン／ドォングゥンヤァンマァングゥオンユゥン
東門広場／东门广场 ドォンメェングゥアンチァアン／ドォンムゥングゥオンチァアン
東莞運河／东莞运河 ドングゥアンユゥンハア／ドォングゥンワァンホォオ
却金亭碑／却金亭碑 チュエジィンティンベェイ／カアッガアムティンベェイ
新光明街夜市／新光明街夜市 シィングゥアンミィンジィエイイシイ／サァングゥオンミンガアイイエシイ
東江／东江 ドォンゴォン／ドォンゴオン
市民広場／市民广场 シイミィングゥアンチァアン／シイマングゥオンチァアン
莞城美術館／莞城美术馆 グゥアンチァアンメイシュウグゥアン／グゥンセェンメイソゥオグゥン

の牌坊が立ち、そこから足を踏みいれると家壁が続き、趙櫨門や満洲窓、通花窓などの嶺南特有の意匠をもつ装飾が見られる。古い民居群のなかには中華民国(1912〜49年)時代に建てられ、中国と西洋の様式が融合した2階建ての「杏園」が位置する。当初、洋楼と呼ばれていたが、当時の住人の名前が鐘杏田であったため、杏園と呼ばれるようになったという。また興賢里歴史文化街区の西側の賜帰巷は、明代の1450年の功によって、故郷に帰って静かに老後を過ごすことが認められた羅亨信にちなむ(帰郷を賜った)。羅亨信はここ東莞で鳳台詩社をつくって文人として晩年を過ごし、莞城西門に暮らす羅一族は「西門羅(氏)」と呼ばれる名門一族として知られた。

北正路／北正路★☆☆

北 běi zhèng lù 広 bak¹ jing² lou³
ほくせいろ／ベェイチァアンルウ／バッジンロウ

莞城の北門と中心部の市橋を南北に結ぶ長さ350m、幅10mほどの北正路。北門(鎮海門)へ続くこの通りは明清時代は北門正街といい、西門正街とともに莞城でもっともにぎわっていた。通りにそって流れる市橋河は東江まで通じ、船が往来したほか、北門そばに天后廟が立っていた。「北街何(氏)」といってこのあたりは何氏が暮らし、明代の1447年の挙人何実を輩出するなど東莞の名門として知られた。この地は他にくらべて低地で、毎年春の川の水が上昇すると洪水が起こった(『市橋春漲』)。そのため住民はお金を出しあって高い壁をつくり、興賢里に水が入ってこないようにしたため、増水した水は家よりも高く流れるようだったという。莞城からベトナムに渡った華僑の譚潤芝が1916年に建てた善餘堂も残る。

象塔街（象塔街歴史街区）／象塔街 ★★☆

北 xiàng tǎ jiē 広 jeung³ taap² gaai¹

ぞうとうがい（ぞうとうがいれきしがいく）／シィアンタアジィエ／ジァンタアッガアイ

　西正路に通じる市橋路と、東正路、南門に通じる新芬路の交わるちょうど莞城の中心部に残る古い街区の象塔街（象塔街歴史街区）。象塔街という地名は、広州を都とする南漢の962年に建てられた鎮象塔にちなむ。当時の莞城では、毎年、秋になると野生の象が田畑を荒らすため、東莞篁村人の邵廷琄は人を集めて象を殺害し、象の骨をかつてあった仏教寺院資福寺の門前に石塔（経幢、石柱）を建てて埋葬した（現在、その象塔は東莞博物館に保管されている）。ここはちょうど県署旧址の南西側にあたり、象塔街、寺前街などの走るこの地域は歴史的遺物が豊富で、細い路地の両脇には黒ずんだレンガ、黒の屋根瓦でつくられた嶺南の伝統建築がならぶ。

東莞博物館／东莞市博物馆 ★☆☆

北 dōng guǎn shì bó wù guǎn 広 dung¹ gun¹ bok² mat³ gún

とうかんはくぶつかん／ドングゥアンシイボオウウグゥアン／ドォングゥンボッマッグウン

　東莞の歴史や文化を紹介し、書画、玉器、銅器などを収蔵、展示する東莞博物館。新石器時代の蠔崗遺址、圓洲遺址からはじまって、唐代の757年から行政府がおかれた莞城千年の歩みを展示する「古代東莞」、明清時代に多くの文人を輩出した東莞の碑文を集めた「館蔵碑刻展」、明代の1597年創建で莞城の対岸にそびえる金鰲洲塔にまつわる写真や水辺の民俗を紹介する「古塔韻水郷情」といった常設展がある。また南漢時代の962年、東莞を荒らす野生の象の鎮魂のためにつくられた高さ3.8mの象塔（莞城資福寺にあったものが遷された）はじめ、元代の1316年、ペルシャ商人から寄贈されたという資福寺大銅鐘、前漢の木槨墓、明代の白釉貼花梅瓶、可園を拠点とした居廉と居巣の画作など、東莞ゆかりの展示品がならぶ。1929年に建設され、1931年に完成した東莞博物図書館を前身とし、現在の5階建ての東莞博物館は1994年に建てられた。

莞城旧城の科書博広場、かつての莞城の中心だった

東莞科学館／东莞科学馆 ★☆☆

⑪ dōng guàn kē xué guǎn　⑫ dung¹ gun¹ fo¹ hok³ gún

とうかんかがくかん／ドォングゥアンカアシュゥエグゥアン／ドォングゥンフオホックグゥン

　科学館、図書館、博物館の集まる科書博広場に立つ東莞科学館。東莞博物館とともに1994年に完成し、科学技術の普及と教育の発信拠点となっている。重力や力の作用に関する「力学展区」、電気やリニアモーターカーの原理、磁力に関する「電磁展区」といった展示が見られる。

キリスト教莞城福音堂／基督教莞城福音堂 ★☆☆

⑪ jī dū jiào guǎn chéng fú yīn táng　⑫ gei¹ duk¹ gaau² gun¹ sing⁴ fuk¹ yam¹ tong⁴

きりすときょうかんじょうふくいんどう／ジイドゥゥジィアオグゥアンチャアンチャアンフウインタァン／ゲエイドォッガアウグゥンセェンシィンフォッヤアムトォン

　1888年に築かれた東莞で最初のキリスト教会を前身とするキリスト教莞城福音堂。アヘン戦争後の1864年にふたりのドイツ人宣教師がこの街にやってきて診療所をかねてキリスト教の布教をはじめた。当初、薬を利用して女性の売買を行なっているなどの悪評をたてられ、苦難の連続だったが、徐々に信者は増えていった。このキリスト教莞城福音堂は1890年に医院として建てられたもので、ちょうど資福寺跡の背後、万寿路仁和里（文順坊）の路地に位置する。宗教活動が制限された文化大革命後の1981年に再建され、内部の礼拝堂には赤の十字架がかかげられている。

東莞人民公園／东莞人民公园 ★☆☆

⑪ dōng guàn rén mín gōng yuán　⑫ dung¹ gun¹ yan⁴ man⁴ gung¹ yun⁴

とうかんじんみんこうえん／ドォングゥアンレンミィンゴォンユゥエン／ドォングゥンヤァンマァンゴォンユゥン

　莞城旧城東部の小丘陵が利用された緑豊かな東莞人民公園。古くからこの地には孟山、鉢山がそびえ、明代にこれらの山を旧城内にとり込んだため、莞城旧城は変形五角形となった。明代中期以降、政府の官舎が盆山におかれ、文人たちはここで詩を詠んだりした。公園になったのは辛亥革命

直後の1913年で、鉢盂山公園、中山公園と名前を変えて、中華人民共和国成立後の1956年に人民公園となった。1929年完成の東莞博物図書館がこの公園にあったことからも、公共施設としての歴史は古く、1938年に東莞を占領した日本軍の軍司令部は人民公園にあった。人びとの憩いの場となっている曉湖をはじめとする水辺に広がる自然のなか、革命烈士紀念碑、風篁館、古い城壁などが残る。

東門広場／东门广场★☆☆
⊕ dōng mén guǎng chǎng　⊕ dung¹ mun⁴ gwóng cheung⁴
とうもんひろば／ドォンメェングゥアンチャアン／ドォンムゥングゥオンチャアン

　明代の1384年創建の和陽門（莞城旧城東門）の跡地に整備された東門広場。かつてこの東門近くには県衙や、孔子をまつる学宮（東門外の東関）が位置し、興賢街という名前が残っているように、あたりには東莞の読書人階級が暮らしていた。東門は清朝末期に破壊され、西門と違って再建されることはなかった。中心部に向かって東正路（かつての東門正街）が伸びるほか、すぐ南は人民公園となっていて、東正路、羅沙路、学院路の交わる要衝となっている。

花園新村食街／花园新村食街★☆☆
⊕ huā yuán xīn cūn shí jiē　⊕ fa¹ yún san¹ chyun¹ sik³ gaai¹
かえんしんそんしょくがい／フゥアユゥエンチュンシイジィエ／ファアユウンサァンチュウンセッガアイ

　莞城から北東に向かって走る花園路（花園大街）沿いに位置する花園新村食街。花園新村は東莞黎明期の1985年に築かれ、1990年代には多くの住人でにぎわうエリアとなっていた。海鮮を出す広東料理や四川料理、湖南料理のほか、西欧料理などの料理店がならび、地元莞城の住人に愛される美食街となっている。

Zhong Xing Lu Da Xi Lu
中興路大西路城市案内

莞城の西門（迎恩門）から嶺南の大動脈であった東江
へと続く西関一帯は物資の集散する埠頭であった
古きよき東莞を伝える中興路-大西路歴史文化街区

中興路-大西路歴史文化街区／中兴路-大西路历史文化街区★★☆

⑰ zhōng xìng lù dà xī lù lì shǐ wén huà jiē qū　⑮ jung¹ hìng¹ lou³ daai³ sai¹ lou³ lìk³ sí man⁴ fa² gaai¹ keui¹

ちゅうこうろだいせいろれきしぶんかがいく／チョンシィンルウダアシイルウリイシイウェンフゥアジィエチゥ／ジョオンヒインロウダアイサアイロウリィッシイマンファアガアイコォイ

　莞城と他の街を往来する人や物資の集まる商埠エリアで、振華路、大西路、中興路、中山路、和平路などから構成される中興路-大西路歴史文化街区。莞城の古名が「謂東江所到之港（東江に続く港）」を意味する到涌といったように、莞城旧城から東江（港）へ通じる西門外（西関）は東莞でもっとも古い市場のひとつだった。明代より開発ははじまり、嘉靖年間（1522～66年）、莞城北の興隆橋あたりの水路では、外国との貿易を行う船の姿が見られた。清代には十二坊という里巷があって莞城旧城と同等以上の繁栄を見せ、それは広東四大名園のひとつ可園がこのエリアに隣接していることからもうかがえる。中興路-大西路歴史文化街区が現在の姿となるのは中華民国初期のことで、東莞県県長の陳達材が広州西関に現れた騎楼を見て東莞にとり入れることを決め、1930～34年にかけて街区が整備され、騎楼の続く6本の通りが完成した。この街区では魚骨状という1本の通りから細い路地が何本も伸び、金融機関の大西路、官吏の暮らした中興路、皮革製品をあつかう店舗がならぶ皮鞋巷、鍛冶屋の工房があった打錫街というようにそれぞれの通りが特徴をもっていた。中華

中興路大西路

東江南支流

珊瑚路

沿江路
莞城糧倉
東江大道
洲面横街
珊洲路
中山街
平和路
大西路
中興路
皮鞋巷
却金亭碑
葵衣街
光明路
運河西路
旨亭街
平楽坊路
容庚故居
東方紅照相館
新光明街夜市
東莞文学芸術院
阮涌路
和園
嶺南美術館
可園北路
東莞可園美術館
可園
可園
振華路
運河
東運路
北正路
興賢里歴史文化街区
莞城旧城
中興路-大西路歴史文化街区
森暉自然博物館
可園南路
運河西路
迎恩門（西門）
西正路
鳳来路
西城楼大街
聚賢坊広場
文化広場

0km　　　　　　　　　　1km

N

莞城中心部

中興路-大西路歴史文化街区
却金亭碑
新光明街夜市
東江大道
東江南支流
大西路
可園北路
可園
可園南路
北正路
新風路
東門路
莞城旧城
万寿
迎恩門（西門）
西正路
象塔街
東正路
東門広場
金鰲洲塔
東江
莞城美術館
向陽路
象塔街
東城
人民公園
羅路
市民広場
金平路
南城路

0km　　　　　　　　　　2km

N

★★★
莞城／莞城 グゥアンチャアン／グゥンセェン
可園／可園 カアユゥエン／ホォオユゥン

★★☆
中興路-大西路歴史文化街区／中兴路-大西路历史文化街区 チョンシィンルウダアシイルウリイシイウェンフゥアジィエ
チュウ／ジョオンヒインロゥダアイサアイロゥリィッシイマンファアガアイコォイ

大西路／大西路 ダアシイルウ／ダアイサァイロゥ

金鰲洲塔／金鳌洲塔 ジィンアァオチョオタア／ガアムンゴォゥザアウタアッ

迎恩門(西門)／迎恩门 イィンエェンメェン／イェンヤアンムゥン

象塔街(象塔街歴史区)／象塔街 シィアンタアジィエ／ジャアンタアッガアイ

★☆☆
東莞運河／东莞运河 ドォングゥアンユゥンハア／ドォングゥンワァンホォ

振華路／振华路 チェンフゥアルウ／ザァンワァロウ

中興路／中兴路 チョンシィンルウ／ジョオンヒィンロウ

中山路／中山路 チョンシャンルウ／ジョオンサアンロウ

旨亭街／旨亭街 ジイティンジィエ／ジイティンガアイ

容庚故居／容庚故居 ロォンガァングゥジュウ／ヨォンガアングゥゴォイ

却金亭碑／却金亭碑 チュエジィンティンベェイ／カアッガアムティンベェイ

莞城糧倉／莞城粮仓 グゥアンチャアンリィアンツァン／グゥンセェンロォンチョオン

新光明街夜市／新光明街夜市 シィングゥアンミィンジィエイイシイ／サァングゥオンミンガアイイエシイ

東莞可園美術館／东莞市可园博物馆 ドォングゥアンシイカアユゥエンボオウゥグゥアン／ドォングゥンホォオユゥンメイソォッグゥン

嶺南美術館／岭南美术馆 リィンナァンメイシュウグゥアン／リィンナアムメイソォッグゥン

東莞文学芸術院／东莞文学艺术院 ドォングゥアンウェンシュウエイイシュウユゥエン／ドォングゥンマンホォッワンソオッユゥン

和園／和园 ハアユゥエン／ウォユゥン

森暉自然博物館／森晖自然博物馆 セェンフゥイズウランボォオウゥグゥアン／サアムファイジイインボオマアッグゥン

東江／东江 ドォンジィアン／ドォンゴオン

西城楼大街聚賢坊広場／西城楼大街聚贤坊广场 シィチャアンロォウダアジィエジュウシィアンファングゥアンチャアン／
サアイセェンロォゥダアイガアイジョォインフォングゥオンチャアン

西正路／西正路 シイチャアンルウ／サアイジィンロゥウ

興賢里歴史文化街区／兴贤里历史文化街区 シィンシィエンリィイシイウェンフゥアジィエチュウ／ヒインレンレィリッシイマンファアガアイコォイ

北正路／北正路 ベェイチャアンルウ／バァジィンロゥ

東莞人民公園／东莞人民公园 ドォングゥアンレンミィンゴォンユゥエン／ドォングゥンヤァンマンゴォンユゥン

東門広場／东门广场 ドォンメェングゥアンチャアン／ドォンムゥンゴゥオンチャアン

市民広場／市民广场 シイミィングゥアンチャアン／シイマングゥオンチャアン

莞城美術館／莞城美术馆 グゥアンチャアンメイシュウグゥアン／グゥンセェンメイソォッグゥン

民国(1912〜49年)時代のある時期、莞城旧城の人口は5000人ほどだったが、城外(中興路-大西路歴史文化街区)はより稠密で、1万2000〜3000人の人口がいたという。莞城旧城が政治と文化の中心であったのに対して、こちらの城外はちょうど商業と手工業の中心地となっていた(広州の広州古城と西関の関係にあたった)。21世紀に入ってから、中華民国時代の騎楼はじめ、容庚故居、阮湧路民兵指揮部旧址、却金亭碑などの価値が再認識され、中興路-大西路歴史文化街区として整備された。

騎楼とは

中興路-大西路歴史文化街区を形成する振華路、大西路、中興路、中山路、和平路といった通りではどこまでも騎楼が続く騎楼街となっている。騎楼とは「歩道に騎(またが)る楼(建物)」を意味し、通りの両脇にアーケードをもった歩道のことで、風雨や太陽の日差しを防げるという利点から、広東省、福建省、海南省という中国東南部で発展した(またこのエリアが華僑を多く輩出したこともあって、東南アジアでも見られる)。騎楼街では1階に店舗があり、上層階が住宅となっていて、柱が連続する地上の騎楼空間は、店の一部になっていたり、人びとが談笑していたりする。とくに広州を革命の中心とする1911年の辛亥革命で、清朝から民国へと政体が替わり、それ(街並みや建築の変化)を象徴的に示す意味もあって、1920〜30年代の広東省ではつぎつぎに騎楼がつくられていった。東莞の騎楼は、広州の騎楼を移入するかたちで、1930〜34年に現れた。

東莞運河／东莞运河★☆☆
(北) dōng guǎn yùn hé　(広) dung¹ gun¹ wan³ ho⁴
とうかんうんが／ドォングゥアンユゥンハア／ドォングゥンワンホォ

莞城上流部の東江から水をとり、東莞の主要な街を潤しながら流れる全長102.6kmの東莞運河。寒渓河が東江に合

流する地点(東莞駅近く)から、莞城、万江、南城、厚街、虎門、長安へいたり、珠江口へそそぐ。東莞は毎年のように洪水と干ばつに見舞われ、くわえて莞城は河口の海水の影響をわずかに受けるため、農業に適さなかった。こうしたなか1958年に防潮堤が築かれ、同時に治水(洪水調節と排水)と、農業灌漑、飲料水確保のために東江の流れを分水させる東莞運河が開削された。1960年代にこの運河が機能しはじめると、上流から流れる淡水が莞城にいたり、米の収穫量も増大した。この運河はもともとあった莞城の護城河を利用したもので、より下流の金鰲洲塔付近で分水される東引運河が並行して流れる。

振華路／振华路★☆☆
⚇ zhèn huá lù　⚇ jan² wa⁴ lou³
しんかろ／チェンフゥアルウ／ザァンワァロウ

　迎恩門城楼(西門)の外側、東莞運河を渡ったところから大西路まで続く振華路。このあたりには清代から十二坊(坊とは里巷、通り)というにぎわいを見せる街並みがあり、中華民国時代の1934年に駅前街、打錫街、迎恩街がひとつになって騎楼をもつ振華路となった。長さ350m、幅7mほどで、1977年の創建時、東莞で最大規模だった運河商場(百貨大楼)は、ここ振華路西門橋そばに建てられた。

大西路／大西路★★☆
⚇ dà xī lù　⚇ daai³ sai¹ lou³
だいせいろ／ダアシイルウ／ダアイサァイロウ

　中興路-大西路歴史文化街区の中心的存在で、1930～34年に整備された騎楼街群とともに、当時、もっとも繁栄を見せていた大西路。清末から中華民国初期にかけて、ジュート(黄麻)やケナフ(紅麻)などの米や食料品を入れる袋をつくる繊維素材が売買されていたため、「売麻街」と呼ばれていた。1930年、この通りの拡建がはじまり、莞城旧城中心部から西

門へ西門正街(西正路)が伸び、そこから碼頭へと通りは続くため、「より大きな西側の路」を意味する大西路と名づけられた。写真館の東方紅照相館はじめ、莞城飯店(旧址)、貴金属店や家電、時計店などの東莞を代表する店舗や商人の集まる莞城の目抜き通りで、大西路から中興路、下関路へといたる。全長140m、2階もしくは3階建ての騎楼街が続き、20世紀初頭の中華民国時代のたたずまいを今に伝えている。

中興路／中兴路★☆☆

（北）zhōng xing lù （広）jung¹ hing¹ lou³
ちゅうこうろ／チョンシィンルウ／ジョオンヒィンロウ

　大西路と交差し、和平路とともに、20世紀初頭でもっともにぎわっていた中興路。東江南支流に並行して走り、ここに船着場と埠頭のあった貿易と商業の中心地で、かつては役人の居住地でもあった(中興路の近くに可園があることも注目される)。1949年の中華人民共和国成立後、中興路に東莞港務所がおかれ、その港湾機能が注目されて、日用品、お菓子、食品会社、繊維問屋などがならぶようになった。清末民初からこのあたりには遇賢街、鉄鑊街、威遠路、抄紙前街といった通りがあったが、整備されたのちの1978年に中興路と総称されて現在にいたる。中興路-大西路歴史文化街区の一角をしめ、近代東莞の波止場の面影を伝える街並みが続いている。

中山路／中山路★☆☆

（北）zhōng shān lù （広）jung¹ saan¹ lou³
ちゅうざんろ／チョンシャンルウ／ジョオンサアンロウ

　大西路から榕樹角まで800mほど続く孫文(孫中山)の名前を冠した中山路。表通りの大西路に対して、人々の生活が息づき、老舗店舗や日用品をあつかう店がならぶ(中山路の騎楼街でも1階に店舗があり、上階が住居となっている)。中山路から続く教場街あたりは明代、軍の練兵場(演舞場)がおかれたところで、やがて商業街となり、明清時代の東莞でもっとも活気の

市場に積みあげられていた

レンガ製の建物が続く古い街並み

外に開放的でありながら、屋根をもつ回廊

手のこんだ意匠の窓、亞の字が連なるよう

ある場所(教場墟)のひとつだった。中山路はこの市場、教場墟のあった教場大街を前身とする。

旨亭街／旨亭街★☆☆
🄝 zhǐ tíng jiē 🄗 jí tíng⁴ gaai¹
していがい／ジイティンジィエ／ジイティンガアイ

振華路からまっすぐ北に伸びる路地で、歴史的街巷でもある旨亭街。旨亭街という名称は、明代から朝廷の勅令を伝える駅站と亭があったことに由来し、北京や広州からの「旨(政令、朝旨)」が届くと、莞城県令は迎恩門の外まで出迎えた。旨亭街や駅前街といった名前が残っていることからも、この地は莞城(東莞)にとって情報や物資を受けとる郵便局のような機能を果たしていた。清(1616〜1912年)中期以降、この地は商業や貿易の中心地となり、また林蒲封、容庚、容肇祖、容媛をはじめとする東莞の名士や文人を輩出したことでも知られる。全長525m、幅4mの通りには清末の民居、1893年に梁啓超が講義を行なった周氏祠堂があったほか、清末の新式学堂もここで生まれた。

容庚故居／容庚故居★☆☆
🄝 róng gēng gù jū 🄗 yung⁴ gang¹ gu² geui¹
ようこうこきょ／ロンガァングウジュウ／ヨンガァングウゴイ

中興路-大西路歴史文化街区の一角、旨亭街に残る容庚故居。清末に莞城で生まれた容庚(1894〜1983年)は東莞中学を卒業後、教師となり、やがて調査研究に専念し、篆刻や古代中国の文字、金文や考古学で成果を残した。路地に残る容庚故居は嶺南特有の三間両廊の建築で、趙楹門(数重の門)、青甎墻(レンガの壁)、満洲窓(装飾窓)などが見え、紫檀(紅木)製の家具が安置されている。「学術名家」「書香世家」「今人伝承」の3つの展示があり、容庚一族や容庚の生涯、容庚の著作などが紹介されている。

却金亭碑／却金亭碑 ★☆☆

⑰ què jīn tíng bēi ⑭ keuk² gam¹ ting⁴ bei¹
きゃくきんていひ／チュエジンティンベイ／カアッガアムティンベイ

東江を通じた「海のシルクロード」の拠点であった明代の東莞の記憶を今に伝える1542年創建の却金亭碑。当時、莞城北の興隆橋(却金亭碑近く)には外国貿易の碼頭があり、番禺県の官吏の李凱が貿易事務を担当していた。明中期以降、朝廷の財政は逼迫し、官僚の腐敗も進んでいたが、李凱は清廉潔白な知事で、両広総督に手紙を書いて、貿易の手続きを簡素化し、また自分の部下には賄賂や外国商人への嫌がらせを禁じた。明(1368～1644年)代、タイは2年に一度の割合であわせて112回の使節を中国に送っていて、1538年、タイの商人が国王の印鑑をもって莞城を訪れた。李凱はこのタイの貿易船の物資に対して税を課さずに厚遇し、喜んだタイの商人たちは大変感謝し、黄金百両をさしだしたが、李凱はその申し出を辞退した。そこで商人たちは光明路口に却金亭を建て、却金坊を整備して、却金區をかかげて、官吏李凱の公正さと誠実さをたたえた。李凱が他の街へ異動したのちの1541年、東莞の官吏李楣は碑のない広場では李凱の業績は伝わらないと考え、王希文による『却金坊記』を記した石碑を建てた。そのときは「却金(金銭にまつわること)」についての詳細は記されていなかったため、のちに『却金亭碑記』を亭内においた。却金亭碑は高さ1.84m、幅1.02m、四角い赤砂岩の台座があり、そのうえに縦50字横21行、あわせて1596文字の碑文が残る。光明路、教場街の交わる地点の一角に残り、木の亭は2006年に再建された。

莞城糧倉／莞城粮仓 ★☆☆

⑰ guǎn chéng liáng cāng ⑭ gun¹ sing⁴ leung⁴ chong¹
かんじょうりょうそう／グゥアンチァンリィアンツァン／グゥンセェンロォンチョオン

莞城糧倉は、東江の波止場付近に位置する食料備蓄庫。1950～60年代の角型穀倉、1970年代のドーム屋根をもつ穀

倉が残る。役目を終えたことから、当初、とりこわされる予定だったが、産業デザイン物としての価値が評価され、保存されることになった（なかの穀物は撤去されている）。莞城の観光地、三江六岸を構成する。

新光明街夜市／新光明街夜市 ★☆☆

㉛ xīn guǎng míng jiē yè shì　㉚ san¹ gwong¹ ming⁴ gaai¹ ye³ si,
しんこうめいがいよいち／シィングゥアンミィンジィエイイシイ／サァングゥオンミンガアイイエシイ

　天井から吊るされた赤い提灯、ずらりとならんだ100以上の屋台が集まる新光明街夜市。おやつの鶏蛋仔、豬扒包、バーベキューの焼烤、剪餅、豆皮、海鮮、小龍蝦（ザリガニ）、昔ながらの小吃など、この街で受け継がれてきた老莞味を味わえる。莞城の光明路と沿河路が交わる地点に位置し、それまであった屋外から屋内へ移動し、2018年に現在の姿になった。

東莞／「アヘン戦争」と莞城・虎門

可園鑑賞案内

清代に建てられた広東省を代表する名園の可園
この庭園の主である張敬修のもとには
さまざまな客人が身を寄せ、嶺南芸術の胎動地となった

可園／可园★★★

⑪ kě yuán ⑭ hó yun⁴

かえん／カアユウエン／ホォオユゥン

　莞城旧城西門外、当時、十二坊と呼ばれた東江の波止場近くに残る東莞の可園。可園という名称は、可楼、可軒、可堂、可洲というように、よいを意味する「可」の文字が多くつけられていることに由来する。清末の1850年から造営がはじまって約14年の月日をへて完成し、順徳の清暉園、仏山の梁園、番禺の余蔭山房とともに広東省の清代四大名園のひとつにあげられた。莞城出身、広西省続いて江西省の官吏をつとめた文人の張敬修(1823～64年)の私園で、退職後、故郷に戻ってきたのち造営された。張敬修は書画、工芸に通じた文人であり、嶺南画派の居巣、居廉が10年間、可園に滞在して創作するなど、この庭園には多くの芸術家が集まった。可園は楼閣や亭、庭園、湖が一体となった園林で、多くの建物が複雑に展開する。とくに住居や中庭、書院、橋などを高さをずらして配置することを特徴とし、回廊は曲がりくねり、視界の開けたところには美しい景色が広がる。また壁を丸く繰り抜く洞門をもちいることで風景を切りとる工夫がされ、建物と建物のあいだには太湖石や盆栽などが配置されて、訪れる者の目を楽しませる。可園では蘇州や杭州など江南の名園を参考にしながらも、嶺南特有の建築や植生を調

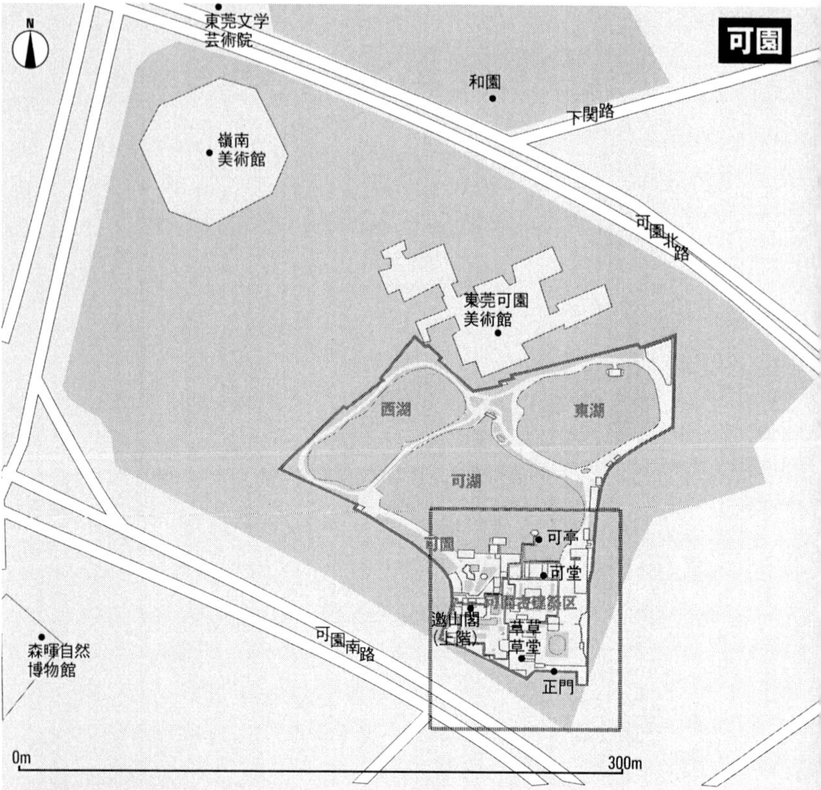
可園
東莞文学
芸術院
和園
下関路
嶺南
美術館
可園北路
東莞可園
美術館
西湖
東湖
可湖
可亭
可園
可堂
邀山閣
(上階)
草草
草堂
正門
可園南路
森暉自然
博物館
0m
300m

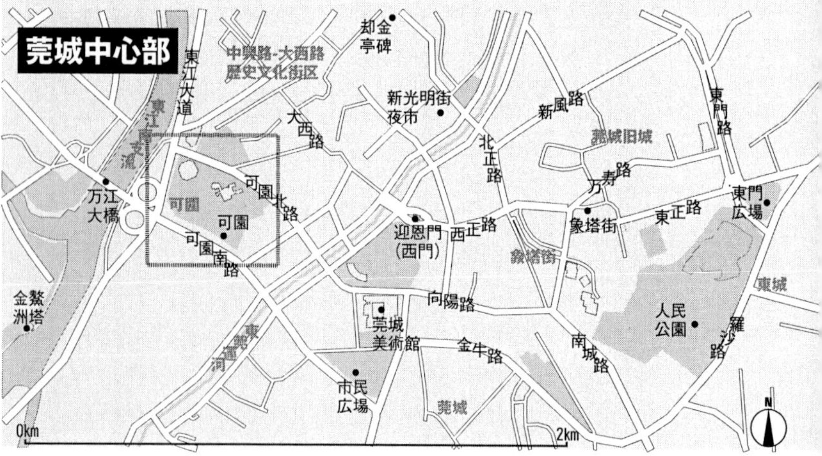
莞城中心部
東江大道
中興路-大西路
歴史文化街区
却金
亭碑
新光明街
夜市
新風路
東門路
大西路
東江南支流
北正路
莞城旧城
万寿路
万江
大橋
可園
可園北路
可園
可園南路
迎恩門
(西門)
西正路
象塔街
東正路
東門
広場
象塔街
東城
向陽路
人民
公園
羅沙路
金鰲
洲塔
東莞運河
莞城
美術館
金牛路
南城路
市民
広場
莞城
0km
2km

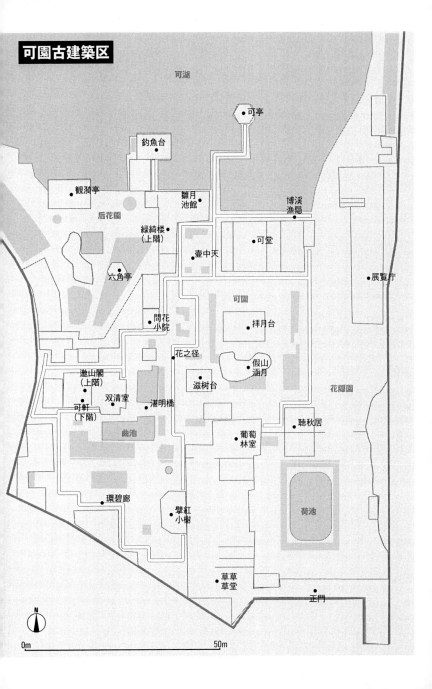

可園古建築区

可湖

可亭

釣魚台

観漪亭

雛月
池館

博渓
漁隠

后花園

緑綺楼
(上階)

可堂

壷中天

六角亭

可園

拝月台

問花
小院

花之径

假山
涵月

邀山閣
(上階)

滋樹台

花隠園

双清室

可軒
(下階)

湛明橋

幽池

聴秋居

葡萄
林室

環碧廊

擘紅
小樹

荷池

展覧庁

草草
草堂

正門

N

0m   50m

和させていて、建物内には美しい調度品が保存されている。
1949年の東莞解放後（中華人民共和国成立後）、土地改革で可園
は農民の家に分割され、敬老院に利用されることもあった
が、その後、華僑向けの招待所になるなど変遷をたどった。
改革開放以後の1979年から再整備され、1981年に対外開放
されて現在にいたる。莞城旧城中心の西正路から迎恩門城
楼（西門）を出て、中興路-大西路歴史文化街区に入り、振華路
から阮涌路を通って可園にたどり着く。この一帯（十二坊）は、
清朝末期に官僚や商人たちが暮らしたところだった。

★★★
莞城／莞城 グゥアンチャアン／グゥンセェン
可園／可园 カアユウエン／ホォオユゥン

★★☆
邀山閣（可軒）／邀山阁 ヤァオシャンガア／イィウサアンゴオッ
壺中天／壶中天 フウチョオンティエン／ウゥジョオンティン
金鰲洲塔／金鳌洲塔 ジンアァオチョウタア／ガアムンゴゥオザアウタアッ
迎恩門（西門）／迎恩门 イィンエェンメェン／イェンヤンムゥン
象塔街（象塔街歴史街区）／象塔街 シィアンタアジィエ／ジャアンタアッガアイ
中興路-大西路歴史文化街区／中兴路-大西路历史文化街区 チョンシィヌルウダアシイルウリィシイウェン
フゥアジィエチュウ／ジョオンヒインロウダアイサアイロウリィッシイマンファアガアイコォイ
大西路／大西路 ダアシイルウ／ダアイサアイロウ

★☆☆
草草草堂／草草草堂 ツァオツァオツァオタァン／チョオウチョオウチョオウトォン
双清室／双清室 シュウアンチィンシイ／ソォンチィンサアッ
可堂／可堂 カアタアン／ホォオトォン
可亭／可亭 カアティン／ホォオティン
東莞可園美術館／东莞市可园博物馆 ドォングゥアンシイカアユウエンボオウウグゥアン／ドォングゥンホォオユゥンメェ
イソォッグゥン
嶺南美術館／岭南美术馆 リィンナァンメェイシュウグゥアン／リィンナアムメェイソォッグゥン
東莞文学芸術院／东莞文学艺术院 ドォングゥアンウェンシュウエイイシュユウエン／ドォングゥンマンホォッワンソ
オッユウン
和園／和园 ハアユウエン／ウォユゥン
森暉自然博物館／森晖自然博物馆 セェンフゥイズゥラァンボオウウグゥアン／サアムファイジイインボオッマアッグゥ
ン
万江大橋／万江大桥 ワァンジィアンダアチィアオ／マアンゴオンダアイキィウ
東江／东江 ドォンジィアン／ドォンゴオン
西正路／西正路 シィチャアンルウ／サアイジィンロォウ
北正路／北正路 ベェイチャアンルウ／バッジィンロォウ
東莞人民公園／东莞人民公园 ドォングゥアンレンミィンゴォンユウエン／ドォングゥンヤァンマングォンユゥン
東門広場／东门广场 ドォンメェングゥアンチャアン／ドォンムゥングゥオンチャアン
東莞運河／东莞运河 ドォングゥアンユゥンハア／ドォングゥンワァンホォ
新光明街夜市／新光明街夜市 シィングゥアンミィングジィエイイシイ／サァングゥオンミンガアイイエシイ
市民広場／市民广场 シイミィングゥアンチャアン／シイマングゥオンチャアン
莞城美術館／莞城美术馆 グゥアンチャアンメェイシュウグゥアン／グゥンセェンメェイソォッグゥン

可園の構成

　可園は、可湖（および東湖、西湖）を中心として、南側の歴史的可園のある古建築区と北側の可園博物館のある博物館区からなり、清代以来、可園と呼ばれてきたのは南側の古建築区だった。張敬修による二文字の書かれた「正門」から可園（古建築区）に入ると、この園林の主である張敬修が過ごした「草草草堂」が位置し、そこから西側と北側に建築が複雑に連なっていく。客人をもてなした建物「擘紅小榭」があり、日差しと雨をさけるため100m以上の長い回廊のとりかこむ「環碧廊」が西側の中庭に続く。その北側の曲池には小舟のように「湛明橋」がかかり、そばには赤、青、白、黄色などのガラスの色玻璃画が美しい「双清室」が立つ。その西側には「可軒」とその上部に載る高さ17.5m、4階建ての「邀山閣」が見られ、可園の象徴的建築となっている。古建築区の中央部、ちょうど中央には「拝月台」とレンガで築かれた方形基壇の「滋樹台」があり、ここで自然や樹木を愛でた。その北側には張敬修が宴会を催した場所「可堂」が立ち、可堂横には壁を丸く繰り抜いた門の洞門「壺中天」が位置する。この中庭を囲む回廊にはたくさんの花が咲く「問花小院」、問花小院北側が可湖に面する水辺のエリアとなる。来賓や客人が将棋を指し、文人たちが集まっていた湖岸に停泊する船庁のような「雛月池館」があり、可堂の北側の遊歩道「博渓漁隠」は張敬修をまつる祖宗家廟（九腕祠）に通じていた。そして古建築区のもっとも北側、可湖に浮かぶように「可亭」が立つ。

草草草堂／草草草堂★☆☆

⑰ cǎo cǎo cǎo táng　⑮ chóu chóu chóu tong⁴
そうそうそうどう／ツァオツァオツァオタァン／チョウチョウチョウトォン

　可園の入口付近に立つこの庭園の主である張敬修（1823〜64年）ゆかりの草草草堂。張敬修は官吏として広西などに赴任したとき、お腹がすいたらすぐに食べ、疲れたらすぐに寝

て、起きたらすぐに身支度を整えるという生活をしていた。しかし急いでばかりの人生から距離をおいて、故郷の東莞で静かに、質素に暮らそうと自らを戒めて草草草堂と命名した（「粗末なたたずまい」とへりくだった言いかた）。張敬修はここで書画をしたため、休息したという。銅像とともに、資料が陳列されている。

双清室／双清室 ★☆☆

北 shuāng qīng shì　広 seung¹ ching¹ sat¹
そうせいしつ／シュウアンチンシイ／ソォンチンサアッ

　可園（古建築区）の中央西部に立ち、「人境双清（人と土地がともに澄んでいる）」からその名のとられた双清室。建物はじめ各所に「亞（亜）」の字型の意匠が見られるため、亜字庁の名前でも知られる。嶺南の庭園でよく使われる赤、青、白、黄の色とりどりのガラスの上絵づけ（窓の模様）、家具、床材、ドアまで趣向がこらしてある。主の張敬修（1823～64年）の招きで、可園に滞在した居巣の文字も見られる。

邀山閣（可軒）／邀山阁 ★★☆

北 yāo shān gé　広 yiu¹ saan¹ gok²
ようさんかく（かけん）／ヤァオシャンガア／イィウサアンゴォッ

　可園（古建築区）の中心的建築である可軒とその上部に立つ高さ約17.5m、4階建ての邀山閣。平面だけでなく、立面へ展開する可園の白眉とも言える建築で、張敬修（1823～64年）はたびたびここから園林の山水を愛でた。1階の可軒は客人を迎えるところで、手作業で埋めた精緻なレンガ製の床が見られ、設置された銅管口を通じて、隣室から空気や香りが送られてくる仕組みとなっていた。2階と3階は直方体の碉楼式建築で、レンガで組みあげられており、4階（最上階）のうえに屋根瓦が載る。この最上階は四方に窓が開く開放的な望楼台となっていて、遠くを見渡せるほか、心地よい空気が流れこんでくる。可園（古建築区）でもっとも高い建築となっている。

壁を丸く繰り抜いた洞門が風景を切りとる

湖に浮かぶように立つ可亭

邀山閣、この庭園の精華と言える建築

可湖のほとりに建てられた清末の官吏張敬修の私園

可堂／可堂★☆☆

㊗ kě táng　㊋ hó tong⁴

かどう／カアタアン／ホオトォン

　正門から背後の可湖へと伸びる可園（古建築区）の軸線上に立つ可堂。南向き三間の建物で、可園を造営した張敬修（1823～64年）が起居した生活空間であり、また家族と食事をとったり、談笑する場所だった。すぐ背後に可湖と可亭が位置する。

壷中天／壺中天★★☆

㊗ hú zhōng tiān　㊋ wu⁴ jung¹ tin¹

こちゅうてん／フウチョオンティエン／ウゥジョオンティン

　小さな庭にも無限の景色があり、小さな壷のなかにも天がある、という意味で名づけられた壷中天。壁を丸く繰り抜くことで、風景を切りとり、門の役割を果たす洞門が印象的で、中央にテーブルと椅子がおかれている。ここは主人の張敬修（1823～64年）が文人を招いておしゃべりをしたり、お茶を飲んだり、将棋をさしたりして楽しんだ場所だった。

可亭／可亭★☆☆

㊗ kě tíng　㊋ hó ting⁴

かてい／カアティン／ホオティン

　可湖に浮かぶように立ち、小ぶりながら周囲から心地よい風の吹く可亭。可園古建築区から鍵型の通路が伸び、三曲の赤い橋を通って可湖にいたる。可亭からは湖で泳ぐ魚が見え、六角形のプランに赤の柱がそびえ、緑の屋根瓦は可園のシンボルでもある。

東莞可園美術館／东莞市可园博物馆★☆☆

㊗ dōng guǎn shi kě yuán bó wù guǎn　㊋ dung¹ gun¹ hó yun⁴ mei, seut³ gún

とうかんかえんびじゅつかん／ドォングゥアンシイカアユウエンボオウゥグゥアン／ドォングゥンホオユゥンメイソォッグゥン

　清代広東四大名園で嶺南建築、庭園、文化の魅力を伝える

可園にまつわる展示が見られる東莞可園美術館。主人の張敬修(1823~64年)に招かれて、可園で幽雅な絵画を描いた居巣、居廉にまつわる「居巣、居廉と可園」はじめ、この地方の庭園と建築をあつかう「嶺南伝統園林と建築」、嶺南建築や庭園を設計した東莞麻涌人莫伯治の生涯をたどる「莫伯治と嶺南建築芸術」の展示からなる。とくに居巣、居廉は中国画と西洋絵画の技法を融合させ、花鳥、この地方の景色を描く嶺南画派に大きな影響をあたえた。1979年に設立された可園管理所を前身とし、2008年に現在の姿となった。可湖をはさんで可園(古建築区)の対岸に位置し、可園の博物館区を形成する。

嶺南美術館／岭南美术馆★☆☆

🀄 lǐng nán měi shù guǎn　🀅 ling, naam⁴ mei, seut³ gún
れいなんびじゅつかん／リィンナァンメイシュウグゥアン／リィンナアムメイソオッグゥン

　書画や版画をはじめとする中国美術の収集、研究、展示を行なう嶺南美術館。居巣、居廉が拠点とした可園のそばに位置し、嶺南画院、嶺南美術館、嶺南画家村から構成される。ここでは嶺南画家が集まって創作にはげみ、たがいに交流を行なっているほか、人材育成の拠点にもなっている。

東莞文学芸術院／东莞文学艺术院★☆☆

🀄 dōng guàn wén xué yì shù yuàn　🀅 dung¹ gun¹ man⁴ hok³ wan⁴ seut³ yún
とうかんぶんがくげいじゅついん／ドォングゥアンウェンシュウエイイシュウユウエン／ドォングゥンマンホオッワンソオッユゥン

　東江河畔の可園北西に位置し、東莞の文学の研究、発信を行なう東莞文学芸術院。作家、書法家、研究者など文芸にたずさわる人、写真家や音楽家など芸能に従事する人が集まる。2005年に開院した。

和園／和园★☆☆

㉜ hé yuán　㉚ wo⁴ yun⁴
わえん／ハアユウエン／ウォユゥン

　可園、東莞文学芸術院、中興路騎楼街などが集まる立地の一角に位置する和園。振華路付近にあった名園の道生園をここに再建することが目的とされ、中国風の楼閣、庭園が広がっている（かつての東莞四大名園のひとつ道生園は、1830年生まれの張嘉謨によるもので、可園主人の張敬修と同時代）。

森暉自然博物館／森晖自然博物馆★☆☆

㉜ sēn huī zì rán bó wù guǎn　㉚ sam¹ fai¹ ji³ yin⁴ bok² mat³ gún
しんきしぜんはくぶつかん／セェンフゥイズゥラァンボォウウグゥアン／サァムファイジイインボォッマアッグゥン

　鉱物の結晶や標本、恐竜化石から隕石までを展示する東莞の森暉自然博物館。80種類以上の隕石を集めた「天文隕石館」、清朝の聖断、聖断の扁額、官服、官帽、兵部省の命令書などが見られる「清代聖旨官帽珍蔵館」、恐竜や古生物の化石を展示する「古生物化石庁」などからなる。

Wan Jiang
万江城市案内

上流より流れてきた東江は無数に枝わかれし
万の流れをもつデルタ地帯をつくる
川辺につくられた三江六岸歴史休閑区

東江／东江★☆☆
(北) dōng jiāng　(広) dung¹ gong¹
とうこう／ドンジィアン／ドォンゴオン

　西江、北江とともに珠江の支流を構成し、東莞をうるおして珠江に合流する全長562kmの東江。江西省から広東省東部へ流れ、東江料理の言葉で知られるように客家も暮らす恵州をへて東莞にいたり、東莞市では77km続いている(この長大な河川には、それぞれのエリアで独自の名前があり、東莞では石龍江とも呼ばれていた)。東莞市の地形は、東側の丘陵地帯と、東江の沖積土で形成された西側のデルタ平野からなり、東江の流れとともに東莞はあったと言える。石龍鎮で東江は北支流と南支流にわかれ、また南支流は莞城で東莞水道、十里汾渓、中堂水道にわかれる、というように河口部は無数の水路が縦横無尽に走り、やがて獅子洋(珠江口)へとそそいでいく。歴史的に東江は珠江口から内陸部に続く交通網として機能し、莞城は鹹水と淡水のちょうど交わる地点に位置する。

万江大橋／万江大桥★☆☆
(北) wàn jiāng dà qiáo　(広) maan³ gong¹ daai³ kiu⁴
まんこうおおはし／ワンジィアンダアチィアオ／マアンゴオンダアイキィウ

　東江南支流にかかる長さ112.5m、23の孔をもつ万江大橋。1976年に造営され、東莞大橋ともいう。莞城(東莞)と広

万江

莞城糧倉
可園
可園北路
万江大橋
可園
可園南路
泰新路
崇焕路
万江
万道路
金曲路
金螯路
金螯洲塔
三江六岸歷史休閑区
金聯路
金螯洲街
金曲路
運河東三路
中心区東路
中心区西路
内環南路
金曲路
新華南 MALL
東大道
東江南支流
汽車客運総站
東莞運河
創業路
運河西二路
莞城市街
鰂魚洲文創産業園
蠔崗遺址
嘉和街
墙翔路
墙翔商業街
下墙坊
建設路
濱江体育公園

0km　　　　　　　　　　2km
N

莞城中心部

却金亭碑
東江大道
中興路-大西路歷史文化街区
新光明街夜市
新風路
莞城旧城
東門路
莞城路
東江南支流
莞城路
大西路
北正路
万寿路
東正路
東門広場
万江大橋
可園北路
可園
可園南路
西正路
迎恩門(西門)
象塔街
銭塔街
金螯洲塔
万江
東莞運河
向陽路
莞城美術館
金牛路
南城路
人民公園
東城
市民広場
羅沙路
莞城

0km　　　　　　　　　　2km
N

州を結ぶ街道上にかかるこの地は古くから渡し場であった。

万江／万江★☆☆
㊗ wàn jiāng ㊨ maan³ gong¹
まんこう／ワンジィアン／マアンゴオン

　東江南支流をはさんで、東岸の莞城と向かいあう西岸の万江(万江区)。万江という名称は、莞城付近で東莞水道、十里汾渓、中堂水道はじめ、無数(万)の水路へ分水して流れることに由来する。万江では明代の1464年に集落(蛋家租)ができたと伝わり、明代の1563年から中国人が祭祀や行事で利用

する「煙花砲竹(爆竹)」づくりがはじまって、その産地となった。また龍眼、荔枝、バナナ、ジュート、稲といった南国の物産が収穫される魚米之郷としても知られ、東莞の水郷地帯としての性格が続いた。1978年の改革開放以後、莞城に隣接する立地が注目され、中国最大規模のショッピングモールの新華南MALLが開業し、東莞市汽車客運総站もおかれて万江商圏をつくっている。また東江南支流に面して明代創建の金鰲洲塔がそびえ、現在、万江を流れる東莞水道、十里汾渓、中堂水道を中心に三江六岸歴史休閑区が整備されて観光地としても注目されている。

三江六岸歴史休閑区／三江六岸历史休闲区★☆☆

㊩ sān jiāng liù àn lì shǐ xiū xián qū ㊍ saam¹ gong¹ luk³ ngon³ lìk³ si yau¹ haan⁴ keui¹

さんこうろくがんれきしきゅうかんく／サンジィアンリィウァアンリイシィイシィウシィアンチゥ／サアムゴオンロオッンゴンリィッシイヤァウハアンコオイ

　東莞市街を流れる東江南支流のうち、東莞水道、十里汾渓、中堂水道という3つの代表的な河川と、その6つの両岸のウォーターフロントを三江六岸歴史休閑区と呼ぶ(流れに面したウォーターフロントは70kmにわたって続く)。この地区には、古い街並みや集落、工場や遺跡が残っていて、それらの遺産とギャラリー、カフェ、遊歩道などを融合させて、観光地として整備された。鰊魚洲工業遺産、中興路-大西路歴史文化街区、莞城糧倉、濱江体育公園などから構成される。

金鰲洲塔／金鳌洲塔★★☆

㊩ jīn áo zhōu tǎ ㊍ gam¹ ngou⁴ jau¹ taap²

きんごうしゅうとう／ジィンァアオチョウタア／ガアムンゴオザアウタアッ

　東江河畔の金鰲洲上にそびえ、美しい姿を見せる明代(1624年)創建の金鰲洲塔。八角形のプランをもち、直径は10.9m、八角九層で高さ52.96mになる。東江南支流のうち、東莞水道と万江の交わる金鰲洲あたりには高い山がなく、周囲の土地が低いため、「気」が外に流れ出る風水上すぐれ

東江南支流のほとりに莞城は築かれた

万江区にある交通ターミナル

灯台の役割も果たした高さ52.96mの金鰲洲塔

た土地ではなかった。そこで、ふたつの川の合流するこの地に風水塔をつくることで、水、風、気の流れをよくし、くわえて莞城をめざす船の灯台の役割を果たすことが期待された。明の1597年、当時の東莞県令であった翁汝遇(杭州人)の建議で、莞城対岸の塔の建設ははじまり、1624年に完成した。金鰲洲塔設計にあたっては土木の得意な官吏が地元名士と図面を描き、3年ごとに平均1層ずつつくり、完成にはあわせて27年もの月日を要した。塔の基部は水際からわずか3〜5mしか離れておらず、清の康熙年間(1661〜1722年)、乾隆年間(1735〜95年)、20世紀の1989年といくども修復されている。塔の内部は空洞状で、石段が頂上まで続き、壁の厚さは3.56mにもなる。明(1368〜1644年)代の広東省はもっとも風水塔が建てられた時代であり、この塔が水面に姿を映す様子は「金鰲塔影」といって、東莞を象徴する光景となっている。

金鰲洲塔にかけた東莞官吏

金鰲洲塔を創建した翁汝遇は1598年の進士で、1599年の東莞県令になっている。しかし塔の創建はそれよりも早い1597年と記録されているため、実のところ金鰲洲塔がいつ建てられたかわかっていない。翁汝遇とその弟の翁汝進は読書人で、翁汝遇が莞城(東莞)の役人となったときに、乱暴な徴税を認めず、民が平和に暮らせるようになったという。金鰲洲塔の1回目の再建は、清の康熙年間の1699年で、銭以塏が東莞県だったときのこと。この地にやってきた広東提学の翁嵩年に、東莞紳士たちは金鰲洲塔の重修を希望した。翁嵩年は学識が広く、書画への造詣も深い知識人で、銭以塏に金鰲洲塔の再建をすすめ、工事がはじまったが、4層目で作業が中断した。それから30年以上がたった1737年、印光任(1691〜1758年)が東莞知県としてやってきて、東莞の紳士を集め、「街の課題とどのようにあたるべきか」という会議

農業をする人、魚米の郷の光景

を開いた。「土砂の堆積で莞城の河川を商船が往来できづらくなっている」というもの、そして「金鰲洲塔の勇姿を再現することこそがこの街に誇りをもたらす」というものがあった。このふたつの課題は、川を浚渫することで商船の移動をかんたんにし、同時にそのそばの金鰲洲塔を再建すれば、莞城の文化を往来する人に見せることができるという答えにつながる。印光任は紳士たちの農地の収入から少しずつ寄付をつのり、地元の人たちにほとんどすべてをまかせて手柄をたてさせ、ただ坐ってその様子を見ていたという。印光任は東莞での治世が終わったあと、1744年に澳門同知としてマカオに赴任し、ポルトガル人の対応にあたった。

東莞と南洋交易

「中国南大門」広州に近い珠江口にあり、華南最大の大河、珠江の三大支流のひとつ東江が流れるという性格こそが東莞を決定づけてきた。嶺南の東莞の地は古くから南海を通じた貿易の拠点、また南海と広東省東部を結ぶ要衝だった。莞城には唐(618〜907年)代、木材の集散する碼頭があり、宋(960〜1279年)代、海塩を煮て産出する場所となり、それらは水路で広東省から江西省へと運ばれた(広東省と福建省を結ぶ古代の交通路があった)。明(1368〜1644年)代に入ると、海上交易はさらに発展し、莞城は東莞市一帯を後背地とする対外窓口となっていた。鄭和(1371?〜1434?年)の西洋下りの船団には東莞の従者が多かったといい、朝貢貿易でこの地を訪れたタイの商人による1542年の却金亭碑は、東莞が「海のシルクロード」の拠点であったことを物語っている。清(1616〜1912年)代になると東江を通じて莞城、太平(虎門)、石龍を往来する船は200を超えたといい、アヘン戦争後の1843年に清朝とイギリスとのあいだで条約が結ばれると、莞城、太平(虎門)、石龍などに口岸が開設され、西欧との貿易がはじまった。

新華南MALL／新华南摩尔 ★☆☆

北 xīn huá nán mó ěr 広 san¹ wa⁴ naam⁴ mo¹ yi₂
しんかなんもーる／シィンフゥアナァンモォオアア／サァンワナアムモオイイ

　改革開放の流れを受けて20世紀末から急速に発展した東莞の光と影を示す巨大ショッピングモールの新華南MALL。莞城の対岸の万江にあり、この新華南MALLを中心に、万江商圏(華南摩爾商圏)が形成されている。アジア最大規模のショッピングモールとして2005年に開業し、ヤシの木や世界各地の街並みがとり入れられた。しかし大きな規模に見あうだけの集客はかなわず、開業からわずか1年の2006年には有名企業がつぎつぎと撤退し、「鬼城(ゴーストタウン)」ともたとえられた。こうしたなか新華南MALLは2014年から新たに再出発し、ショッピング、休暇、旅游などをテーマとする東莞を代表する店舗となっている。

鱇魚洲文創産業園／鱇鱼洲文创产业园 ★★☆

北 jiān yú zhōu wén chuàng chǎn yè yuán 広 gim¹ yu⁴ jau¹ man⁴ chong² cháan yip³ yun₂
けんぎょしゅうぶんそうさんぎょうえん／ジィアンユウチョオウェンチュゥアンチャンイエユゥエン／ギイムユゥザァウマンチョオンチャアンイイッユゥン

　金鰲洲塔をのぞむ東江南支流と東引運河がちょうど枝わかれする地点に位置する鱇魚洲文創産業園。ヒラメ(鱇魚)に似た地形から鱇魚洲と名づけられ、貨物をあつかう碼頭、海関事務所、水上派出所はじめ古い倉庫や工場、煙突、ボイラー室、サイロなどが残り、このうち6棟が産業遺跡として保護された。そして新たにカフェやギャラリーとして利用することで、クリエイティブ産業区として生まれ変わった。2020年に開園し、産業、文化、観光、商業の観点から、東莞の新たなランドマークとして注目されている。

下壩坊／下坝坊 ★★☆

(北) xià bà fāng (広) ha³ ba² fong¹
げはぼう／シィアバアファン／ハアバアフォン

　莞城から少し離れた鱟魚洲にある明清時代以来続く集落の下壩坊。古い集落が新たに洗練した街並み(文化創意街区)へと生まれ変わり、ガジュマルのつくる木陰、石畳の道、赤レンガの壁をもつ建物、長い路地がめぐる。カフェやギャラリーがならび、そこに張王爺廟、詹氏宗祠、紹広詹公祠、古渡口などが残り、嶺南の過去と現在がここで出合う(デザインやクリエイティブ拠点となっているところから、上海の田子坊、北京の798芸術区ともくらべられる)。「壩」とは河道につくられた傾斜面の堰、ダムを意味し、東引運河をはさんで対岸に上壩坊も位置する。

濱江体育公園／滨江体育公园 ★☆☆

(北) bīn jiāng tǐ yù gōng yuán (広) ban¹ gong¹ tái yuk³ gung¹ yún
ひんこうたいいくこうえん／ビィンジィアンティイユウゴォンユウエン／バアンゴオンタアイヨオッゴオンユウン

　東莞水道の川岸のウォーターフロントに整備された濱江体育公園。優れた水辺の環境、スポーツを行なうための競技場や体育館、公園などが一体となっている。東は東江大道、西は曲海橋とその先の万江に続く。

莞城市街城市案内

**莞城の街は明清時代を通じて
莞城旧城と西門外の大西路一帯が繁栄していた
1949年以後、その南に大きな街区がつくられた**

市民広場／市民广场★☆☆
㊗ shì mín guǎng chǎng　㋿ si, man⁴ gwóng cheung⁴
しみんひろば／シイミィングゥアンチャアン／シイマングゥオンチャアン

　金牛路、可園南路、莞太路が交差し、莞城の行政機能、公共施設が集まる市民広場。莞城の迎恩門城外に位置し、この地はもっともにぎわう迎恩門城外の西関にあたった。20世紀初頭まで莞城市街は莞城旧城と大西路にあったが、1949年に東莞が解放されると、旧城外側に街がつくられることが決まった。高第街は解放路と名前を変え、新市街と旧市街（旧城）という東莞の新旧を結ぶ地点に莞城政府がおかれた（科挙を輩出した高第街は、清朝末期に教会が立っていた場所で、一部に高第街の名が残る）。その政府前に東莞市民広場が位置し、莞城人の集まる憩いの場となっている。

莞城美術館／莞城美术馆★☆☆
㊗ guǎn chéng měi shù guǎn　㋿ gun¹ sing⁴ mei, seut³ gún
かんじょうびじゅつかん／グゥアンチャアンメイシュウグゥアン／グゥンセェンメエイソオッグゥン

　迎恩門城楼にも近い市民広場北楼に入居する莞城美術館。中国近現代の絵画と書画を中心に展示する。2008年に開館し、東莞美術の研究と教育拠点になっている。

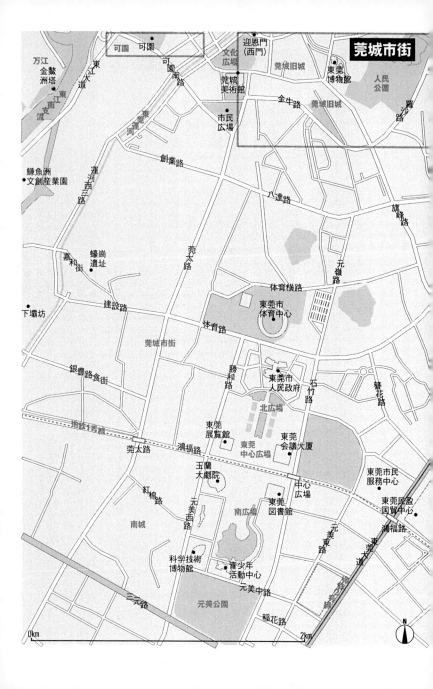

莞太路／莞太路 ★☆☆

北 guǎn tài lù　広 gun¹ taai² lou³

かんたいろ／グゥアンタァイルウ／グゥンタアイロウ

　　莞城旧城の西城楼商圏から南に向かって、東江と東莞運河と並行して走る莞太路。この街の南北の大動脈で、莞城市街の目抜き通りと言える。1949年以降進められた新市街の計画では、この莞太路と東西の鴻福路、建設路、体育路に新たな商圏（東鴻福商圏）と行政中心が設定された。またビジネス、オフィス研究開発の集まる工業団地、東莞創意産業中心園区が位置し、あたりは東莞有数のにぎわいを見せる。莞太路は莞城から厚街、虎門まで伸びていく。

莞城市街城市案内

★★★
莞城／莞城 グゥアンチャアン／グゥンセェン
可園／可园 カアユゥエン／ホオオユユン

★★☆
金鰲洲塔／金鳌洲塔 ジンアァオチョウタア／ガアムンゴウザアウタアッ
鰊魚洲文創産業園／鳘鱼洲文创产业园 ジィアンユウチョオウェンチゥアンチャンイエユウエン／ギイムユウザァウマンチョオンチャアンイイッユウン
下壩坊／下坝坊 シィアバアファン／ハアバアフォン
東莞中心広場／东莞中心广场 ドォングゥアンチョンシィングゥアンチャアン／ドォングゥンジョオンサアムグゥオンチャアン
東莞民盈・国貿中心／东莞民盈・国贸中心 ドォングゥアンミィンイィングゥオマァオチョオンシィン／ドゥングゥンマンイィングゥオッマウジョオンサアム
迎恩門（西門）／迎恩门 イィンエェンメェン／イェンヤアンムウン

★☆☆
市民広場／市民广场 シイミィングゥアンチャアン／シイマングゥオンチャアン
莞城美術館／莞城美术馆 グゥアンチャアンメイシュウグゥアン／グゥンセェンメイソオグゥン
莞太路／莞太路 グゥアンタァイルウ／グゥンタアイロウ
東莞銀豊路食街／东莞银丰路食街 ドォングゥアンイィンフェンルウシィイジィエ／ドォングゥンガァンフォンロウシイッガアイ
蠔崗遺址／蚝岗遗址 ハアオガアンイイチイ／ホォウゴオンワァイジイ
南城／南城 ナァンチャアン／ナアムセェン
鴻福路／鸿福路 ホォンフウルウ／ホォンフウロウ
東莞市青少年活動中心／东莞市青少年活动中心 ドォングゥアンシイチィンシャアオニィエンフゥオドォンチョオンシィン／ドゥングゥンシイチィンシィウニィンウゥオドォンジョオンサアム
東莞市科学技術博物館／东莞市科学技术博物馆 ドォングゥアンシイカアシュウエジイシュウボオウウグゥアン／ドゥングゥンシイフオホオッゲエイオオッボオウオマアグゥウン
東莞玉蘭大劇院／东莞玉兰大剧院 ドォングゥアンユウランダアジュウユウエン／ドォングゥンヨオウランダアイケエッユウン
東莞図書館／东莞图书馆 ドォングゥアントゥウシュウグゥアン／ドゥングゥントオシュウグゥン
東莞展覧館／东莞展览馆 ドォングゥアンチャアンラァングゥアン／ドゥングゥンジインラアムグゥン
東莞市民服務中心／东莞市民服务中心 ドォングゥアンシイミィンフウウチョオンシィン／ドゥングゥンシイマンホオッモウジョオンサアム
東莞博物館／东莞市博物馆 ドゥングゥアンシイボオウウグゥアン／ドォングゥンボッマグゥウン
東莞人民公園／东莞人民公园 ドォングゥアンレンミィンゴオンユウエン／ドォングゥンヤァンマングゥオンユウン
東江／东江 ドォンジィアン／ドォンゴオン
万江／万江 ワァンジィアン／マアンゴオン

世界の工場として

　1978年、共産主義の計画経済から、資本主義の要素をとり入れた改革開放へとかじを切った中国にあって、香港やマカオに隣接する広東省はその最前線となった。深圳に続いて東莞では、1980年代後半より、香港から輸入した原材料を東莞の工場で加工して製品化し、それを香港に移して、世界市場へ輸出するという方法がとられた。香港には東莞出身の広東人も多く、血縁関係が利用できたほか、言語(広東語)や文化を共有していた。20世紀末の改革開放の高まりと、パソコンをはじめとする情報機器、インターネットの普及があいまって、東莞はパソコン周辺機器、電子部品関連の集積地となった。委託加工で得られた利益の多くは、東莞市、鎮や郷などの地元に入り、田園地帯に過ぎなかった東莞は大きく発展していった。カラーテレビや冷蔵庫、洗濯機、エアコンなどの完成品の中身が深圳や東莞といった街でつくられるようになり、「世界の工場」という呼称で知られた。

東莞銀豊路食街／东莞银丰路食街★☆☆
(北) dōng guǎn yín fēng lù shí jiē　(広) dung¹ gun¹ ngan⁴ fung¹ lou³ sik³ gaai¹
とうかんぎんほうろしょくがい／ドングゥアンインフェンルウシイジィエ／ドォングゥンンガァンフォンロウシイッガアイ

　莞城市街の南部(南城)を東西に走る銀豊路は、美食店がずらりとならぶ東莞銀豊路食街となっている。広東料理、上海料理、四川料理など各地の料理と、麺料理や餃子などの小吃が食べられる(東莞が出稼ぎ者の街であることから、中国各地の地方料理が見られる)。この地は昔、集落だったが、莞城市域の広がりとともに市街地化した。

蠔崗遺址／蚝岗遗址★☆☆
(北) háo gǎng yí zhǐ　(広) hou⁴ gong¹ wai⁴ ji
こうこういし／ハァオガアンイイチイ／ホォウゴオンワァイジイ

　今から約5000年前(新石器時代)の人類の歩みを伝える蠔崗

遺址。陶器、石器、骨器のほか貝の器が発掘され、住居、埋葬地、ゴミ捨て場などが確認された。「珠三角洲第一村（珠江デルタで最初の村）」と呼ばれ、650平方メートルほどが保存されている。嶺南地方および東莞（東江文明）の貴重な先史文化、彩陶文化の展示が見られる蠔崗遺址博物館が立つ。

東莞の特産品を売る店がならぶ

莞城南部の鴻福路商圏

東莞=莞城市街は南へ南へと拡大した

東莞銀豊路食街近くにはいろいろな料理店が見られる

南城城市案内

莞城の街は、20世紀以後
南へ南へと拡大を続けた
東莞CBDのある南城へ

南城／南城 ★☆☆

㋱ nán chéng ㋭ naam⁴ sing⁴
なんじょう／ナァンチャアン／ナアムセェン

　「東莞(莞城)の南の都市」を意味する南城は、莞城市街南部
を構成し、中央商務区CBDや中央居住区CLDがつくられ
て、東莞の核心区へと成長している。莞城南部のこの地には
宋(960〜1279年)代から続く篁村があり、竹やぶ(篁)が広がり、
もとの名前を篁溪といったが、その後、篁村と改称された。
1978年の改革開放以後、南城区となり、もともとこの地に暮
らす広東語話者の本地人が少なく、消費力の高い新莞人が
多く暮らすことを特徴とする。街区が広く、衣料品、家電製
品などをあつかう大型ショッピングモールや百貨店、高層
建築がならび、いくつかの商圏が並立している。ひとつは莞
太路と鴻福路のまじわる一帯の鴻福商圏、もうひとつは鴻
福路と東莞大道のまじわる場所の南城CLD商圏、さらにそ
の南側(西平)の東莞国際商務区などがそれで、東莞を本拠と
する富民集団によって開発された富民商業街も位置する。

鴻福路／鴻福路 ★☆☆

㋱ hóng fú lù ㋭ hung⁴ fuk¹ lou³
こうふくろ／ホォンフウルウ／ホォンフウッロウ

　東莞新市街でもっともにぎわうエリアで、東の東莞大道

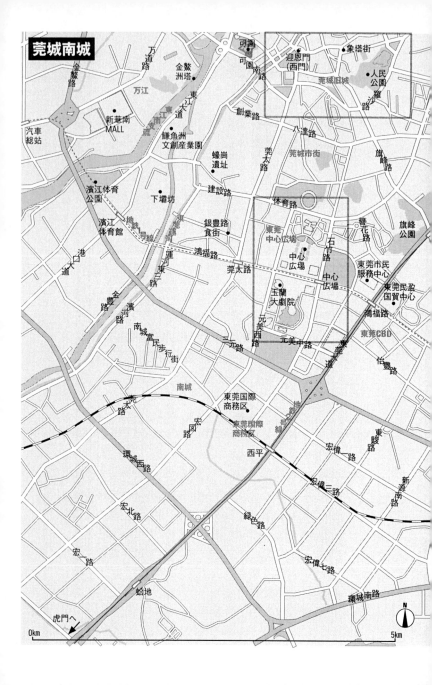

莞城南城

可園
可園南路
金鰲洲塔
万江
東江大道
新華南 MALL
汽車総站
東江南支流
鰲魚洲
文創産業園
蟻崗遺址
濱江体育公園
下壩坊
濱江体育館
總鉄号線
運河東三路
港口大道
金豊路
濱河路
南城富民歩行街
迎恩門（西門）
象塔街
人民公園
莞城旧城
創業路
羅沙路
八達路
莞城市街
莞太路
建設路
旗峰路
体育路
銀豊路食街
東莞中心広場
中心広場
中心広場
玉蘭大劇院
鴻福路
莞太路
石竹路
蓮花路
旗峰公園
東莞市民服務中心
東莞民盈国貿中心
鴻福路
東莞CBD
怡豊路
元美西
元美中路
東莞大道
三元路
南城
東莞国際商務区
東莞国際商務区
宏図路
総鉄号線
西平
宏偉路
東駿路
環城西路
宏北路
宏一路
蛤地
緑色路
宏偉三路
新源南路
宏偉七路
環城南路

虎門へ

0km　　　　　　　　　　　　　5km

N

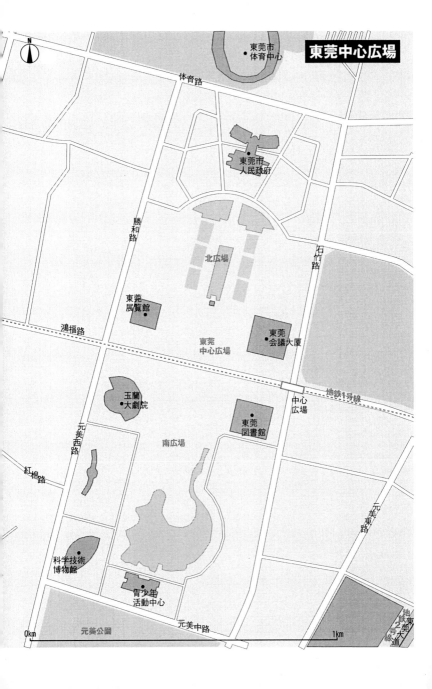

と西の沿河路を結ぶ大動脈の鴻福路。衣料品、飲食店、娯楽、電化製品をあつかう大型ショッピングモール店がならび、鴻福路は銀行や保険会社の集まる金融大道という性格ももつ。この地には宋代から続く集落の篁村があったが、莞城の拡大とともに市街地化した。通りは新市街の鴻福商圏、文化

★★★
莞城／莞城 グゥアンチャアン／グゥンセェン
可園／可园 カアユウエン／ホォオユゥン
★★☆
東莞中心広場／东莞中心广场 ドォングゥアンチョンシィングゥアンチャアン／ドォングゥンジョオンサアムグゥオンチャアン
東莞民盈・国貿中心／东莞民盈・国贸中心 ドォングゥアンミィンイィングゥオマァオチョオンシン／ドゥングゥンマンイィンゴォオッマァウジョオンサアム
旗峰公園／旗峰公园 チイフェンゴォンユウエン／ケイフォンゴォンユゥン
迎恩門(西門)／迎恩门 イィンエェンメェン／イェンヤアンムゥン
象塔街(象塔街歴史街区)／象塔街 シィアンタアジィエ／ジャアンタアッガアイ
金鰲洲塔／金鳌洲塔 ジィンアァオチョウタア／ガアムンゴォウザアウタアッ
鰻魚洲文創産業園／鳒鱼洲文创产业园 ジィアンユゥチョオウウェンチュゥアンチャンイエユウエン／ギイムユゥザアウマンチョオウチャンイイッユエン
下壩坊／下坝坊 シィアバアファン／ハアバアフォン
★☆☆
南城／南城 ナァンチャアン／ナアムセェン
鴻福路／鸿福路 ホォンフウルウ／ホォンフウッロウ
東莞市青少年活動中心／东莞市青少年活动中心 ドォングゥアンシイチィンシャアオニィエンフゥオドォンチョオンシィン／ドォングゥンシイチィシィウニィウゥッドォンジョオンサアム
東莞市科学技術博物館／东莞市科学技术博物馆 ドォングゥアンシイフォオホアシュゥエジイシュゥボオウゥグゥアン／ドォングゥンシイフォオホオッゲエイソゥオッボオッマアッグゥン
東莞玉蘭大劇院／东莞玉兰大剧院 ドォングゥアンユウラァンダアジュゥユウエン／ドォングゥンヨオッラアンダアイケエッユゥン
東莞図書館／东莞图书馆 ドォングゥアントゥゥシゥゥグゥアン／ドゥングゥントオシュゥグゥン
東莞展覧館／东莞展览馆 ドォングゥアンチャアンラァングゥアン／ドゥングゥンジインラアムグゥン
東莞市民服務中心／东莞市民服务中心 ドォングゥアンシイミィンフウウゥチョオンシィン／ドゥングゥンシイマンホオッモゥウゥジョオンサアム
東莞国際商務区／东莞国际商务区 ドォングゥアングゥオジイィシャアンウゥチュゥ／ドゥングゥンゴゥオッジャイソオンモゥコォイ
南城富民歩行街／南城富民步行街 ナァンチャアンフウミィンブウシィンジィエ／ナアムセェンフウマンボウハアンガアイ
万江／万江 ワァンジィアン／マアンゴォン
新華南MALL／新华南摩尔 シィンフゥアナァンモォオアア／サァンファナアムモオイイ
濱江体育公園／滨江体育公园 ビィンジィアンティイユゥゴォンユウエン／バアンゴォンタアイヨオッゴォンユゥン
莞太路／莞太路 グゥアンタアルウ／グゥンタアイロウ
東莞銀豊路食街／东莞银丰路食街 ドォングゥアンイィンフェンルウシイィジィエ／ドォングゥンガァンフォンロウシイッガアイ
蠔崗遺址／蚝岗遗址 ハァオガアンイイチイ／ホォウゴオンワァイジイ
東江／东江 ドォンジィアン／ドゥンゴオン
東莞運河／东莞运河 ドォングゥアンユゥンハア／ドゥングゥンワァンホオ
東莞人民公園／东莞人民公园 ドォングゥアンレェンミィンゴォンユウエン／ドゥングゥンヤァンマングォンユゥン

公共施設の集まる東莞中心広場をつらぬき、あたりは南城商圏とも呼ばれる。

東莞中心広場／东莞中心广场★★☆

北 dōng guàn zhōng xīn guǎng chǎng　**広** dung¹ gun¹ jung¹ sam¹ gwóng cheung⁴
とうかんちゅうしんひろば／ドォングゥアンチョンシィングゥアンチァン／ドォングゥンジョオンサアムグゥオンチァアン

　莞城市街南部(南城)に位置し、東莞市全体の行政府、文化施設が集まった東莞中心広場。莞城南郊外のこの地には1990年代から東莞体育館があり、2002年にここに新たな東莞CBDをつくるとり組みがはじまった。そして、「博物館の街」「文化広場の街」「図書館の街」を目指す東莞の顔として、2004年に東莞中心広場(新城市中心区)が完成した。それは東莞が「世界の工場」から、文化や第三次産業を重視する新たな都市の姿を目指す意思の表象でもあった。東莞中心広場は南北1400m、東西250mで、北広場と南広場からなり、左右対称にレイアウトされ、南北軸にそって玉蘭大劇院、東莞展覧館、東莞図書館、東莞市科学技術博物館、会議大厦など、大型施設がならび立つ。広大な広場の中心には赤色のモニュメントがおかれ、それは、莞城(東莞)の象徴的モニュメントとなっている。

東莞市青少年活動中心／东莞市青少年活动中心★☆☆

北 dōng guàn shì qīng shào nián huó dòng zhōng xīn　**広** dung¹ gun¹ si, chìng¹ siu² nin⁴ wut³ dung³ jung¹ sam¹
とうかんしせいしょうねんかつどうちゅうしん／ドォングゥアンシイチィンシャアオニィエンフゥオドォンチョオンシィン／ドォングゥンシイチィンシィウニンウゥッドォンジョオンサアム

　中心広場をつらぬく中軸線の南端、北広場の市政府と対峙するように立つ東莞市青少年活動中心。中央の4階建て建築とその両端の8階建てからなる逆三角形の建物で、東莞の青少年宮にあたる。この街の青少年が放課後を過ごし、スポーツや芸術などでエリート養成を行なう機能を果たしてきた。

玉蘭大劇院、図書館、科学技術博物館、展覧館などがならぶ

経済から文化へ大きく街は変貌している

東莞中心広場の中心に立つモニュメント

この街の新たなランドマーク東莞民盈・国貿中心

東莞市科学技術博物館／东莞市科学技术博物馆★☆☆

🀄 dōng guǎn shì kē xué jì shù bó wù guǎn　🀄 dung¹ gun¹ si, fo¹ hok² gei³ seut³ bok² mat³ gún

とうかんしかがくぎじゅつはくぶつかん／ドングゥアンシイカアフシュエジイシュウボオウグゥアン／ドォングゥン
シイフォホオッゲエイソオッボオッマアッグゥン

　東莞製造業の技術と高新技術のふたつの展示を軸にし
た東莞市科学技術博物館(東莞科技館)。この東莞市科学技術
博物館は2002年、中心広場の造営とともに建設が決まり、
2005年に完成した。製造業やものづくりの技術、概要から、
ロボット、コンピュータ、テレビ、電話、携帯電話、カメラま
でをあつかう「制造業科技専題展庁」と、情報科学技術の基
礎、仮想世界とエネルギーや航空宇宙までをあつかう「信息
と高新技術専題展科学」があり、科学技術の研究、発信拠点
になっている。

東莞玉蘭大劇院／东莞玉兰大剧院★☆☆

🀄 dōng guǎn yù lán dà jù yuàn　🀄 dung¹ gun¹ yuk³ laan⁴ daai³ kek³ yún

とうかんぎょくらんだいげきいん／ドングゥアンユウラァンダアジュウユゥエン／ドォングゥンヨオッラァンダアイケエッウン

　東莞中心広場の象徴的建築で、フラメンコを踊る女性のス
カートのような円形うず巻き型のたたずまいを見せる東莞
玉蘭大劇院。地上8階、地下2階建てで、オペラの上演や大規模
なオーケストラが演奏できる歌劇庁、多功能小劇場をそなえ、
2005年に竣工した。東莞の演劇は粤劇(広東オペラ)が一般的で、
17世紀の明末には東莞でよく粤劇が演じられていたという。

東莞図書館／东莞图书馆★☆☆

🀄 dōng guǎn tú shū guǎn　🀄 dung¹ gun¹ tou⁴ syu¹ gún

とうかんとしょかん／ドングゥアントゥウシュウグゥアン／ドォングゥントォシュウグゥン

　図書館の街を宣言する東莞にあって、その本部機能がおかれ
ている東莞図書館。東莞の調査研究、読書活動の拠点で、一般向
けや専門書のほかに、粤劇、漫画、児童書など特徴ある収蔵を行
なっている。中心広場の東莞図書館は2005年に完成し、ここか
ら東莞市各地の図書館とネットワークで結ばれている。

東莞展覧館／东莞展览馆★☆☆

🔲 dōng guàn zhǎn lǎn guǎn　🔲 dung¹ gun¹ jin laam, gún

とうかんてんらんかん／ドンゥグゥアンチャアンラァングゥアン／ドゥングゥンジンラアムグゥン

　この街の発展を、文化や都市の視点(東莞城市発展之路)からアプローチする東莞展覧館。この東莞展覧館は1931年創建の東莞博物図書館を源流にもち、東莞の歴史、経済、文化の魅力を伝える。東莞人の画家、張松鶴塑像が立ち、館内では「千年莞邑」「制造名城」「活力之都」の展示が見られる。2004年に開館した。

東莞市民服務中心／东莞市民服务中心★☆☆

🔲 dōng guàn shì mín fú wù zhōng xīn　🔲 dung¹ gun¹ si, man⁴ fuk³ mou³ jung¹ sam¹

とうかんしみんふくむちゅうしん／ドンゥグゥアンシイミィンフウゥチョオンシィン／ドゥングゥンシマンホオッモウゥジョオンサアム

　証明書や税務、婚姻届など東莞市民への行政サービスを提供する東莞市民服務中心。この4階建ての建物は2004年に東莞国際会展中心として建てられ、製造業の集まる東莞の展示場の役割を果たしていた。2019年に東莞市民服務中心に生まれ変わり、市民講座ホールなどをそなえる日本の市役所にあたる機能をもっている。

東莞民盈・国貿中心／东莞民盈・国贸中心★★☆

🔲 dōng guàn mín yíng guó mào zhōng xīn　🔲 dung¹ gun¹ man⁴ ying⁴ gwok² mau³ jung¹ sam¹

とうかんみんえいこくぼうちゅうしん／ドンゥグゥアンミィンイィングゥオマァオチョオンシィン／ドゥングゥンマンイィンゴォゥオッマウゥジョオンサアム

　東莞CBDの中心に立ち、この街のランドマークとなっている超高層ビルの東莞民盈・国貿中心。もっとも高い85階建て、高さ423mのオフィスタワー「T2」を中心に、43階建ての商務大厦、49階建ての高層マンションを併設し、周囲は摩天楼を描いている。この東莞民盈・国貿中心の建設をになったのは東莞を本拠とする民盈集団で、2010年に東莞で設立された。製造業から第三次産業への産業構造の変革を目指して、この街の民間企業と行政が一体となり、東莞民盈・国

貿中心が建設された。2021年にオフィス、ショッピングモールが一体化した複合施設のT2は開業し、東莞大道と鴻福路との交差点にそのたたずまいを見せている。この高層建築は、白蘭花がイメージされているという。

東莞国際商務区／东莞国际商务区★☆☆

⑪ dōng guǎn guó jì shāng wù qū　⑭ dung¹ gun¹ gwok² jai² seung¹ mou³ keui¹

とうかんこくさいしょうむく／ドングゥアングゥオジイシャンウウチュウ／ドゥングゥンゴゥオッジャイソンモウコイ

　東莞中心広場の南(莞城南郊外)に位置し、東莞のCBDとして開発が進む東莞国際商務区。香港、深圳、広州、マカオをあわせた大湾区の一角であるここ東莞で、2020年代以降に開発がはじまり、東莞への窓口、イノベーションの拠点、地域の成長エンジンとして期待されている。中央公園を中心として金融企業とビジネスオフィスが集積され、ちょうど地下鉄2号線にそった南北軸と東莞の歴史地区と山水の東西軸が交わる地点に位置する(水濁頭村のあった西平駅の近く、東莞大道、環城西路、三元路、宏図路のなかのエリア)。

南城富民歩行街／南城富民步行街★☆☆

⑪ nán chéng fù mín bù xíng jiē　⑭ naam⁴ sing⁴ fu⁴ man⁴ bou³ haang⁴ gaai¹

なんじょうふみんほこうがい／ナンチャンフウミィンブウシィンジィエ／ナアムセェンフウマンボウハアンガアイ

　東莞新市街の南城にあり、華南有数という全長1.2km、幅25mの南城富民歩行街。東莞市と虎門富民時装城の共同でつくられ、300という店舗が集まり、ショッピングとレジャーを楽しむ東莞人の姿がある(富民集団は1996年に設立された東莞を代表する衣料品の企業で、東莞虎門に拠点をおく)。A、B、C、D、Eの5つのエリアにわかれ、衣料品、皮革製品、時計、宝飾店はじめ、レストランやバーの集まる「一条酒吧街」でもある。ヨーロッパとこの地の騎楼があわさった2階建ての街並みをもち、シンボルの時計塔が立つ。東莞運河にそそぐ新基河涌上にそって整備され、2003年に開業した。

東莞／「アヘン戦争」と莞城・虎門

Dong Cheng
東城城市案内

莞城旧城の東門外のエリアは
長らく附城と呼ばれてきた
このエリアは20世紀末より市街地化が進んだ

東縦路商圏／东纵路商圈★☆☆

⑪ dōng zòng lù shāng quān ⑫ dung¹ jung² lou³ seung¹ hyun¹
とうじゅうろしょうけん／ドォンゾンルウシャンチュウエン／ドォンジョオンロウソオンヒュウン

　莞城旧城の東門外側に展開し、西城楼商圏とならぶ莞城を代表する東縦路商圏（東城商圏）。莞城東部に広がるエリア（東城）は、唐末から集落があったと言われ、サトウキビ畑が続いていた。清末に東門外の東関に少し街ができていたが、莞城の中心は東江により近い西門付近だった。この地が発展してくるのは改革開放がはじまって以後の1997年、ウォルマートが東湖花園に進出してからで、東湖花園の周囲を中心に外資系や地元の企業が続いた。2016年に東莞地下鉄2号線が開通し、莞城への起点になる駅の城ができたことでその発展は加速し、東縦大道、東城大道、東城西路、東城中路を中心に大手ブランド、家電店、量販店など、総合商業店舗が集まる。

東莞東城風情歩行街／东莞东城风情步行街★☆☆

⑪ dōng guǎn dōng chéng fēng qíng bù xíng jiē ⑫ dung¹ gun¹ dung¹ sing⁴ fung¹ ching⁴ bou³ haang⁴ gaai¹
とうかんとうじょうぜいほこうがい／ドォングゥアンドォンチャアンフェンチィンブウシィンジィエ／ドゥングゥンドゥンセェンフォンチィンボウハアンガアイ

　石畳の路地が走る、欧風の街並みが再現された東莞東城風情歩行街。ローマスタイル区、地中海スタイル区、東南ア

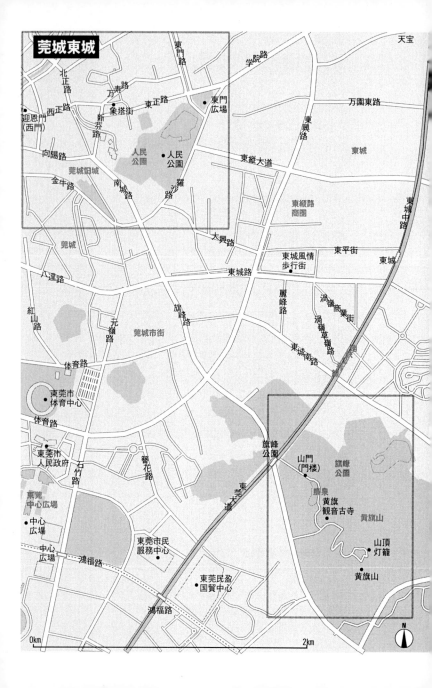

莞城東城

天宝

学院路

東門路

北正路
万寿路
西正路
新芥路
迎恩門
(西門)

象塔街
東正路
東門広場

向陽路
莞城旧城
人民公園
人民公園
羅ジ路

万園東路

東興路

東城

東縦大道

東縦路商圏

金牛路
南城路

大興路

莞城

八達路

東城風情歩行街

東平街

東城

東城路

東城中路

紅山路
元嶺路
莞城市街
旗峰路

麗峰路

渦嶺商業街
渦嶺草嶺路
東城南路

体育路

東莞市体育中心

体育路
東莞市人民政府
石竹路

旗峰公園

山門(門楼)

旗嶂公園

莞城中心広場

嶺花路

廟泉
黄旗観音古寺

黄旗山

中心広場
中心広場
鴻福路

東莞大道

山頂灯籠

黄旗山

東莞市民服務中心

東莞民盈国貿中心

鴻福路

0km
2km

N

ジアスタイル区、北欧スタイル区などからなり、ファッション、アクセサリー、グルメ、家具などをあつかうショップ、カフェやレストランがならんでいる。莞城旧城南門外の東城路の一角に位置する。

★★★
莞城／莞城 グゥアンチァアン／グゥンセェン

★★☆
旗峰公園／旗峰公园 チイフェンゴォンユウエン／ケイフォンゴォンユウン
黄旗観音古寺(黄旗観音古廟)／黄旗观音古寺 フゥアンチイグゥアンインイングウスウ／ウォンケイグゥンヤアムグウジイ
東莞中心広場／东莞中心广场 ドォングゥアンチョンシィングゥアンチァアン／ドォングゥンジョオンサアムグゥオンチャアン
東莞民盈・国貿中心／东莞民盈・国贸中心 ドォングゥアンミィンイィングゥオマァオチョオンシィン／ドォングゥンマンインゴォオッマゥジョオンサアム
迎恩門(西門)／迎恩门 イィンエェンメェン／イェンヤアンムゥン
象塔街(象塔街歴史街区)／象塔街 シィアンタアジィエ／ジャアンタアッガアイ

★☆☆
東縦路商圏／东纵路商圈 ドォンゾォンルウシャンチュゥエン／ドォンジョオンロウソオンヒュウン
東莞東城風情歩行街／东莞东城风情步行街 ドォングゥアンドォンチャアンフェンチィンブウシィンジィエ／ドォングゥンドォンセェンフォンチィンボウハアンガアイ
山門(門楼)／山门 シャンメェン／サアンムゥン
山頂灯籠／山顶灯笼 シャンディンデェンロォン／サアンデエンダアンロォン
東莞市民服務中心／东莞市民服务中心 ドォングゥアンシイミィンフウウチョオンシィン／ドォングゥンシイマンホォッモゥジョオンサアム
西正路／西正路 シイチャアンルウ／サアイジィンロォウ
北正路／北正路 ベェイチャアンルウ／バッジィンロォウ
東莞人民公園／东莞人民公园 ドォングゥアンレンミィンゴォンユウエン／ドォングゥンヤアンマングォンユウン
東門広場／东门广场 ドォンメェングゥアンチァアン／ドォンムゥングゥオンチャアン

旗峰公園鑑賞案内

Qi Feng Gong Yuan

莞城旧城を睥睨するように
そびえる旗峰公園
道教、仏教、双方の聖域

旗峰公園／旗峰公园 ★★☆

⊕ qi fēng gōng yuán　⊕ kei⁴ fung¹ gung¹ yún
きほうこうえん／チイフェンゴォンユゥエン／ケイフォンゴォンユウン

　莞城の最高峰である高さ189mの旗峰山を中心に展開する旗峰公園。莞城市街を一望でき、道教と仏教の聖地を抱える旗峰山は、莞城屈指の景勝地として知られてきた。秋以降にこの山の緑が黄色に紅葉することから、唐(618～907年)代以前は黄旗山と呼ばれ、黄旗公園という名称でも呼ばれる。北宋徽宗年間(1100～25年)から春節に旗峰山にのぼる人びとの様子は莞城の風物詩として知られ、それは清末民初まで絶えることなく続いた。宋代以来の古刹の黄旗観音古寺、廉泉(神仙水)が山麓に位置するほか、明代以後、旗峰山の山頂灯籠は莞城八景にあげられる(また1949年の莞城解放にあたっては黄旗山の頂上から赤い旗をふって、人民解放軍の勝利を象徴的に示したという)。2001年に観光地としての価値が評価され、山門や旗峰公園全体に点在する景勝地が整備された。東江を前方(西側)に背後(東側)からこの莞城を守るようにそびえ、虎英公園へと続いている。

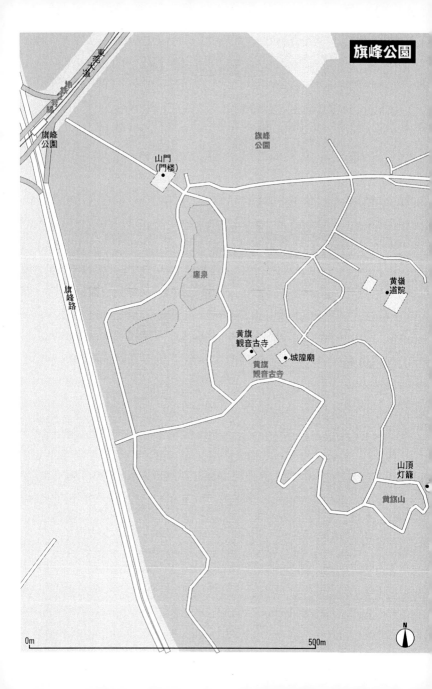

旗峰公園

東莞大道
旗峰公園
旗峰路

旗峰公園

山門
(門楼)

廉泉

黄嶺
道院

黄旗
観音古寺
黄旗
観音古寺

城隍廟

山頂
灯籠

黄旗山

0m　　　　　　　　　　　　　　500m

N

山門 (門楼) ／ 山門 ★☆☆

⑰ shān mén　⑮ saan¹ mun⁴

さんもん (もんろう) ／シャンメン／サアンムゥン

　旗峰公園の入口に立つ壮大なたたずまいの山門 (門楼)。唐宋時代の様式を思わせる建築で、赤色の柱がつらなり、そのうえに巨大な屋根が載る。前面は旗峰公園広場として開けた空間になっている。

黄旗観音古寺 (黄旗観音古廟) ／黄旗观音古寺 ★★☆

⑰ huáng qí guān yīn gǔ sì　⑮ wong⁴ kei⁴ gun¹ yam¹ gú ji³

こうきかんのんこじ／フゥアンチイグゥアンインィングゥスゥ／ウォンケイグゥンヤアムグゥジイ

　北宋 (960～1127年) 時代に創建をさかのぼる仏教寺院の黄旗観音古寺 (黄旗観音古廟)。昔むかし、江西省の著名な風水師の李勣が東莞を訪れて、土地を調べたが、宝地は見つからなかった。そして旗峰山 (黄旗山) にやってきたとき、ここは最高級の宝地だと直感したが、その中心の穴点が見つからない。すると近くに白い服を着た婦人が、しゃがんで泣いていた。そのとき一陣の風が吹き、目を閉じた李勣が目を開けたときには女性の姿はなかった。そして、その場所こそが穴点であり、女性が観音であることに気づいた。この場所に黄旗観音古寺がつくられ、北宋徽宗年間 (1100～25年) から春節に旗峰山にのぼって、観音寺院に参拝する風習が続いた (また莞城人は、1日と15日に黄旗観音古寺にお参りをした)。現在の黄旗観音古寺は1992年に修復され、牌坊からなかに入ると、観音をまつる楼閣が立つ。

城隍廟／城隍庙 ★☆☆

🀄 chéng huáng miào　🀄 sing⁴ wong⁴ miu³

じょうこうびょう／チャアンフゥアンミィアオ／セェンウォンミゥ

　黄旗観音古寺に隣接し、東莞の都市を守る守護神をまつる城隍廟。城隍は都市の守り神で、中国の伝統的な街には必ずおかれた。莞城の城隍廟は明の洪武帝(在位1368〜98年)のときに建てられ、莞城旧城の県衙のすぐ西にあった。現在はここ旗峰山(背後)から莞城を見守っている。

黄嶺道院／黄岭道院 ★☆☆

🀄 huáng lǐng dào yuàn　🀄 wong⁴ ling, dou³ yún

こうれいどういん／フゥアンリィンダァオユゥエン／ウォンレェンドゥユゥン

　旗峰山(黄旗山)中腹に立つ道教寺院の黄嶺道院。近くの黄旗観音古寺が仏教寺院なのに対して、こちらは道教寺院であるが、仏教と道教が混交をしている(東莞の道教は、336年に莞城旧城西門近く、南西隅の道家山に建てられた上清宮をはじまりとする)。この黄嶺道院は清朝乾隆年間(1735〜95年)の建立で、伽藍は崖に展開し、黒の屋根瓦を載せるたたずまいを見せる。

山頂灯籠／山顶灯笼 ★☆☆

🀄 shān dǐng dēng lóng　🀄 saan¹ déng dang¹ lung⁴

さんちょうとうろう／シャンディンデェンロォン／サアンデンダンロォン

　山頂灯籠はかつては東莞八景のひとつとして知られ、現在は海抜189mの旗峰山(黄旗山)の山頂に灯籠状の建築が立つ。昔むかし、旗峰山(黄旗山)の山頂には樹齢千年のガジュマルの木が生えていて、小さなホタルがその穴(樹洞)に飛んできてとどまり、ホタルの光は夜、灯籠のように見えたという。この古木は残っていないが、代わりに巨大な赤い灯籠を上部に載せる山頂灯籠という名の展望台が整備されている。「黄旗嶺頂掛灯籠(黄旗山頂に提灯をかける」)とかつて歌われ、春節に旗峰山(黄旗山)に登る習慣は莞城の民俗行事として知られた。ここ山頂灯籠からは莞城市街が遠望でき、また山麓からも赤い灯籠の姿が確認できる。

莞城を代表する景勝地として知られてきた旗峰公園

莞城旧城東部の東縦路商圏(東城商圏)

山の頂上に山頂灯籠が見える

人民服姿の中国人が見える、街角のポスター

民心燈映甾畎廉泉蘭若對古察今

山勢旗揚招來旭日清風荳高望遠

Rin Sokujyo To

林則徐とアヘン戦争

近代中国の幕を開けたと言われるアヘン戦争
アヘンを中国にもちこむイギリスに対して
1839年、林則徐が広州へと派遣された

アヘンとは

中毒性のある麻薬アヘンは、白、赤、紫などの花を咲かせるケシの実を傷つけて出てきた乳液を集めて加熱、乾燥させることでつくられる。地中海沿岸の原産と言われ、アナトリア、アラブからペルシャ、インド、そして中国には7世紀なかばに伝わり、中枢神経に作用するモルヒネをふくむことから、唐代は薬用の麻酔剤として利用されていた。服用すると、鎮痛、鎮静、カタルシスなどさまざまな効果があるが、それが一定量以上になると、中毒症状、依存症状を起こし、やめられなくなって肉体や精神を破壊し、家を破産させる。中国では17世紀にアヘンの喫煙がはじまったが、1757年にイギリス東インド会社がインド産アヘンの専売権をにぎると、中国への輸出は急増した。とくに中国特産の茶をイギリスに輸入することで出た貿易赤字を、インド産アヘンの輸出で相殺しようとしたため、中国では対外窓口であった広州を中心に「鴉片館(アヘン窟)」が各地にでき、アヘン中毒者が増えていった。18世紀にもアヘンは禁じられているが、状況は改善せず、この問題にあたるため、欽差大臣として1839年、林則徐が広州に派遣されることになった。中国ではオピューム(ケシ)を当初、阿芙蓉(オフーユン)と表記し、のちに阿片(アーピィエン)、鴉片(ヤーピィエン)と表記した。

大航海時代からアヘン戦争まで

　大航海時代(15〜17世紀)を迎えた西欧諸国のなかで、まず最初にポルトガルが中国にやってきて、1557年に広州にほど近いマカオに居住を許された。続いてスペイン、オランダ、イギリスが南海にのぞむ広州を訪れたが、そこは清朝(1616〜1912年)の都北京から遠く離れた地で、広州西関にもうけられた商館で、中国と外国の交易が行なわれた(広州一港だけが開港された広東システム)。1793年、イギリスの使節マカートニーは熱河の離宮で、清朝乾隆帝に謁見し、自由貿易をはじめとした交渉を試みるが、中国側は朝貢使節と見なして成果をあげることはできなかった。1834年、イギリスから派遣されたネーピアは、「中国との交易拡大を求める親書」を両広総督に渡すため珠江をさかのぼって広州を目指した。外国人が広州に来訪するときは前もって許可をとらなくてはならなかったが、それを破って広州へやってきたネーピアに対して、清朝はイギリスとの貿易を停止した。当時、虎門よりなか(上流)に軍船が入ることは禁じられていて、ネーピアは虎門より下流の外洋に待機していた軍船を広州に呼び寄せるが、黄埔(広州と虎門のあいだ)で待ち構えていた清軍は、数十隻の船舶で珠江の浅瀬を埋めてイギリス軍艦が進めないようにし、2隻の船舶でイギリス軍艦を包囲した。なすすべのなかったネーピアが広州を去ると清朝は貿易を再開し、マカオに到着したのちネーピアはなくなっている。これは林則徐が1839年に東莞虎門でアヘンを焼却する5年前の話で、やがて1840年に清朝とイギリスとのあいだでアヘン戦争が勃発した。

アヘンの蔓延とアヘンを焼却する林則徐

　清朝乾隆帝時代の1757年以来、中国と外国の貿易は、南海にのぞむ広州一港に限られ、広州西関の商館で取引が行

林則徐と虎門銷煙、アヘン戦争の舞台となった

清朝の兵士がここで防御にあたった

珠江河口部に向けられた虎門砲台

なわれた。陶磁器や絹など豊富な中国の物産のなかでも、茶は中国南方でのみとれる特産品で、イギリスでは都市化が進み、茶が労働者の嗜好品となったことで、茶の輸入によるイギリスの貿易赤字は増え続けた。銀が流出するなかで、イギリスが着目したのが、植民地インドのアヘンで、中国にアヘンを輸出することで、銀の流出を相殺した。アヘン商人は広州から追放されたのちも、珠江河口部にアヘンを積んだ船を浮かべ、そこから小型船で本土へ陸揚げして密輸するといった方法をとっていた。中国では官吏や庶民をふくめてアヘン中毒者が蔓延し、この問題をとりしまるため、福建省出身の清朝官吏林則徐(1785〜1850年)が欽差大臣として広州へ派遣された。1839年、林則徐はジャーディン・マセソン商会やデント商会といったアヘン商人らが所持するすべてのアヘンを没収し、「今後、アヘンを中国にもちこまない」といった誓約書を提出させた。そして2万箱にのぼるアヘンの在庫を没収した林則徐は、東莞虎門の海岸に池を掘り、塩水と焼いた石灰を混ぜてアヘンを焼却した。それは化学分解による廃棄で、3週間かけてアヘンは焼却され、そのまま珠江へ流し捨てられた。現在、この場所にアヘン戦争博物館(虎門林則徐紀念館)が立っている。林則徐は毅然とした態度でアヘン問題にのぞんだが、その強硬姿勢はアヘン商人やイギリスの反感を買うことになった。1840年、イギリスは遠征軍を派遣し、清朝は林則徐を罷免して問題を沈静化しようとした。

アヘン戦争と開港

　林則徐(1785〜1850年)による東莞虎門でのアヘン焼却を受けて、ジャーディン・マセソン商会は、イギリス政府に軍艦を広州へ派遣するように働きかけ、武力で問題を有利に進めようとした。一方、中国側は広東の兵と民で海上警備を強化し、虎門水道には河口に杭を打って木のいかだをなら

べて軍艦が入られない金鎖銅関の体制がとられた（イギリス軍を虎門よりなかに進めないようにした）。1840年6月28日、アヘン戦争が珠江口ではじまり、イギリス艦隊が北京に近い天津に現れると、林則徐は罷免され、代わって琦善が全権大使となった。珠江口では激戦が交わされたが、1841年1月7日に沙角砲台が陥落、1月26日に香港占領、2月25〜26日に虎門の各要塞も陥落して、広東水師提督関天培も戦死した。イギリス軍は3月には広州にせまり、同時に軍艦を上海、南京へと進めると、1842年、清朝はイギリスの要求を飲む南京条約を結ぶことにした（この南京条約の以前、東莞穿鼻島において琦善とイギリスとのあいだで穿鼻仮協定が結ばれているが、清朝はこれを認めず琦善は罷免された）。南京条約では香港島の割譲、広州、厦門、福州、寧波、上海の5港の開港、賠償金の支払いなどが決まり、香港がイギリスの植民地となったほか、上海では外国人居留地である外灘がつくられた。アヘン戦争と南京条約は、中国の近代化を進める大きな転換点となり、東莞虎門はその舞台として名前を残すことになった。

珠江河口部、広州南沙側から対岸の虎門が見える

林 則 徐

1785—1850

Fu Men
虎門城市案内

**珠江に面する東莞西部の虎門鎮
ここには中国近代の幕を開けた
アヘン戦争にちなむ史跡が残る**

虎門／虎门★★★
㊗ hǔ mén ㊙ fú mun⁴
こもん／フウェン／フウムゥン

　東江、西江、北江といった支流からなる珠江は、河口部で8つの門にわかれて南海へそそぐ。虎門はその代表的な門で、珠江の川幅がここで一気に広がる咽喉にあたり、省都広州を防衛する「金鎖銅関」にたとえられる（外洋から見ると、珠江の流れが一気にせばまる）。虎門という名前は、この地の洋上に伏臥した虎のかたちをした大虎山、その北西に小虎山と呼ばれる小島がたたずみ、それが広州の門番のようになっているところに由来する。三国呉（3世紀）の時代から塩業で知られ、宋代、虎門は広東にある13の主要塩所のひとつであった。中国南大門の省都広州へ行くためには必ず通らなくてはならない要衝であり、明清時代には海上防衛拠点がおかれたほか、人文や教育、商業の街として栄えていた。明代、虎門の陳益はベトナムからサツマイモを導入して、中国の食料問題を解決したことからも、この虎門が中国と南海を結ぶ窓口であったことがうかがえる。虎門では、川底でつないだ杭を打って鎖で木のいかだをつなぎ、対岸の南沙とのあいだを結ぶことで珠江を封鎖することができた（虎門から広州までは内河と呼ばれ、1840年にアヘン戦争が起こるまでは外国の軍艦が虎門よりなかに入ることはできなかった）。1839年にアヘン問題にあ

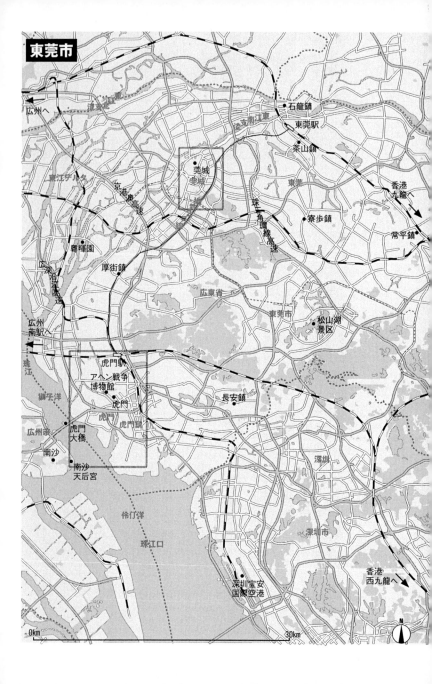

東莞市

広州へ
広深北線

石龍鎮
東莞駅
茶山鎮
京広鉄道
莞城
東莞
香港
九龍へ
寮歩鎮
常平鎮
東江デルタ
京港澳高速
珠三角環線高速
鰲喃園
厚街鎮
広深沿江高速
広東街
東莞市
松山湖景区
広州南駅へ
虎門駅
珠江
アヘン戦争博物館
虎門
獅子洋
虎門
虎門駅
長安鎮
広州港
南沙
虎門大橋
深圳
南沙天后宮
伶仃洋
珠江口
深圳市
深圳宝安国際空港
香港西九龍へ

0km　　　　　　　　30km

N

虎門

莞城
東莞駅へ

穂鉄
Z字橋

虎門駅

香港西九龍
深圳福田へ

白沙鄭氏
大宗祠

郭真人
古廟

白沙

京港澳高速

沙田大道

白沙大路

広深沿江高速公路

輪渡路

人民北路

体育路

虎門
東駅

獅子洋

内河

大人山

虎門鎮

アヘン戦争
博物館

黄河
中心大厦

虎門
大道

虎門
公園

太平港

虎門
広場

虎門会展
中心

虎門市街

鎮遠
砲台

威遠島

莞仏高速

連升中路

威遠三
威遠島

海戦
博物館

太平水道

三門口
(九門寨)

上横档

虎
門
大
橋

威遠
砲台

虎門
砲台

外環島路

光明路

深圳へ

横档島

下横档

南欄

定洋砲台
(鵝夷砲台)

新湾
美食街

蒋光鼐
故居

富民路

太沙路

南沙
客運港

棬汀洋

珠
江

東莞市
虎門

南沙
客運港

総称鉄路線

南沙
天后宮

広州市
南沙

沙角
砲台

穿鼻島

広州へ

珠江口

東莞市
濱海湾新区

東莞港

N

0km

10km

★★★

虎門／虎门 フウェン／フウムゥン

アヘン戦争博物館（虎門林則徐紀念館）／鸦片战争博物馆（虎门林则徐纪念馆）　ヤアピィアン チャアンチェンボオウゥグゥアン(フウメンリィンゼエシュウジイニィエングゥアン)／アアビィンジィンザァンボオッマアグゥウン(フウムゥンラムザアッチョオイゲエイニィムグゥン)

威遠砲台／威远炮台 ウェイユゥエンパァオタァイ／ワアイユゥンバアウトォイ

莞城／莞城 グゥアンチャアン／グゥンセェン

★★☆

虎門鎮（虎門市街）／虎门镇 フウェンチェン／フウムゥンザァン

虎門旧城鎮（太平）／虎门旧城镇（太平）　フウェンジィウチャアンチェン(タァイピイン)／フウムゥンガァウセェンザァン(タアイペェン)

虎門砲台／虎门炮台 フウェンパァオタァイ／フウムゥンバアウトォイ

虎門大橋／虎门大桥 フウェンダアチャオ／フウムゥンダアイキィウ

粤暉園／粤晖园 ユゥエフゥイユゥエン／ユウッファアイユゥン

★☆☆

虎門広場／虎门广场 フウェングゥアンチャアン／フウムゥングゥオンチャアン

虎門会展中心／虎门会展中心 フウェンフゥイチャアンチョオンシン／フウムゥンウイジインジョオンサアム

虎門公園／虎门公园 フウェンゴオンユゥエン／フウムゥンゴオンユゥン

太平港（虎門港）／太平港（虎门港）　タァイピインガアン(フウメンガアン)／タアイペェンゴオン(フウムゥンゴオン)

威遠島／威远岛 ウェイユゥエンダアオ／ワアイユゥンドォウ

海戦博物館／海战博物馆 ハァイチャアンボオウゥグゥアン／ホオイジィンボオッマアグゥウン

珠江／珠江 チュウジィアン／ジュウゴォン

定洋砲台（鵞夷砲台）／定洋炮台（鹅夷炮台）　ディンヤァンパァオタァイ(アアイイパァオタァイ)／ディンヤァンバアウトォイ(ンゴイイバアウトォイ)

三門口（九門寨）／三门口（九门寨）　サァンメェンコォウ(ジィウメェンチャアイ)／サアムムゥンハアウ(ガアウムゥンザアイ)

穿鼻島／穿鼻岛 チュゥアンビイダァオ／チュウンベェドォウ

沙角砲台／沙角炮台 シャアジィアオパァオタァイ／サアゴォッバアウトォイ

蒋光鼐故居／蒋光鼐故居 ジィアングゥアンナァイグゥジュウ／ジョオングゥオンナアイグゥゴオイ

新湾美食街／新湾美食街 シィンワァンメェイシイジィエ／サアンワアンメイシイッガアイ

虎門駅／虎门站 フウェンチャアン／フウムゥンザアム

郭真人古廟／郭真人古庙 グゥオチェンレェングゥミィアオ／グゥオッザアンヤングゥミィウ

白沙鄭氏大宗祠／白沙郑氏大宗祠 バァイシャアチェンシイダアゾォンツウ／バアアッサアゼェンシイダアイジョオンチイ

東莞市濱海湾新区／东莞市滨海湾新区 ドォングゥアンシイビィンハァイワァンシィンチュウ／ドゥングゥンシイバァンホオイワアンサァンコォイ

東莞港／东莞港 ドォングゥアンガアン／ドゥングゥンゴオン

東莞駅／东莞站 ドォングゥアンチャアン／ドゥングゥンザアム

石龍鎮／石龙镇 シイロォンチェン／セェッロオンザァン

寮歩鎮／寮步镇 リィアオブウチェン／リィウボォウザァン

常平鎮／常平镇 チャアンピィンチェン／ソォンピィンザァン

松山湖景区／松山湖景区 ソォンシャンフウジィンチュウ／チョオンサアアァンウゥギインコォイ

厚街鎮／厚街镇 ホォウジィエチェン／ハアウガアイザァン

たった林則徐(1785～1850年)がここ東莞虎門でアヘンを焼却(虎門銷煙)したのも、1840～42年のアヘン戦争の舞台となったのも、虎門のこうした地勢に起因する。黄金海岸とも黄金水道とも呼ばれた虎門の太平港からは、清末以来、毎日、香港への船も出て多くの人びとが往来していた。そして虎門にはいち早く香港のファッションや物資が伝わり、20世紀末に改革開放がはじまると、「服装城」という性格を強めた。また長らくバナナやライチ、龍眼など亜熱帯の果物の産地としても知られ、現在は珠江の河口部東側を占める東莞市の虎門鎮を構成する。北に広州、南に深圳、対岸に広州南沙と番禺が位置する虎門は、粤港澳大湾区の一角として期待され、香港から来た者にとっては広東省への門戸となっている。

虎門という名前の由来

　昔むかし、東莞虎門の沙角半島先の伶仃洋には龍宮があり、しばしば龍王が出没したという。ある日、龍王の娘(亜娘)は、海岸にあがって虎門対岸の蓮花山へ遊びにいった。するとお腹に赤ちゃんのいる虎の精がお腹をすかせていて、亜娘の姿を確認すると飛びかかってきた。彼女はあわてて逃げ、娘を案じた龍王は魚将と蝦将のふたりを連れて龍宮城を飛び出した。将軍たちの攻撃で、虎は怪我をして赤ん坊は死産してしまった。そして龍王は、金の錠を使って虎と虎の胎児を珠江のなかに封印した。そしてその2頭の虎は、対峙して横たわる2つの山に姿を変え、のちに大虎山と小虎山と呼ばれるようになった。虎門の名は、この大きな虎(大虎山)と小さな虎(小虎山)が門のように見えることに由来する。また珠江デルタの地図を開いてみると、東側の虎門は虎の牙のように見え、広州南沙側には龍穴島が浮かんでいて、文字通り龍虎が両岸から守る構造になっている。防衛上の虎門は、珠江(伶仃洋)をはさんで東莞虎門と広州南沙からなる。

虎門のかんたんな歴史

　虎門には今から4000～3000年前の新石器時代から人類が暮らしていて、赤崗村には漁業や狩猟の痕跡を伝える貝塚遺跡が残っている。春秋戦国時代の虎門は百粤の地であり、漢の武帝(紀元前156～前87年)時代には、虎門宝安(深圳)一帯には塩官がおかれ、晋代より虎門は東莞の領域となった。海上交易の発達とともに、海のシルクロードの拠点という性格を強め、宋代には広東省の13ある塩所のひとつで、また商業の要地となっていた。虎門が現在のような姿となるのは、明代のことで、明洪武年間(1368～98年)に虎頭山(現在の大虎山、小虎山)に訊地という要塞が築かれた。この要塞は、明万暦年間の1588年に威遠島の武山に遷されたが、水深の関係から船の停泊に適していなかったため、清初、三門口(九門寨)に遷された。これを虎頭門山前寨城、虎頭門山后寨城と呼ぶ。その後、清康熙年間の1680年に三門口からさらに石旗嶺(大人山)に遷った。これが現在、名前の残る虎門寨で、ここに広東水師提督が鎮座した。また清嘉慶年間(1796～1820年)、海上交通の高まりとともに、虎門寨の南側の珠江に続く太平に集市(墟)ができ、虎門港と莞城や石龍と船舶が往来した(虎門口、鎮口口に海関があり、広州の粤海関に属した)。清末の1839年、イギリスによるアヘン問題が深刻化すると、林則徐はここ虎門でアヘンを焼却、それがもとで1840年にアヘン戦争が勃発し、香港が割譲されるなど中国近代史の重要な舞台となった。中華民国時代の1924年には太平墟が太平鎮となって、虎門の政治の中心も虎門寨から港町の太平鎮に遷った(莞城や石龍とならぶ東莞三大鎮のひとつとされた)。当時、イギリス植民都市の香港の成長がめざましく、虎門太平港と香港の船が毎日、往来したこともあって、太平は「不夜天」「小香港」と呼ばれていた。中華人民共和国成立後の1958年、虎門人民公社がおかれ、1985年に太平鎮と合併していて虎門鎮が誕生した。こうしたなかで1970年代に東莞は漁民を

集めて街をつくり、石龍や莞城の漁民を虎門の珠江河口東岸の新湾に住まわせたり、改革開放後の1990年代初頭から香港との関係をうまく使って「服装城」の性格を打ち出したり、特徴ある街づくりを進めている。珠江デルタが一体化する粤港澳大湾区への流れが加速するなか、珠江に面し、深圳宝安国際空港へも近い虎門の地の利が注目されている。

虎門の構成

　虎門は広州から南海へ向かって流れてくる珠江の川幅が一気に広がる地点(東岸)に位置し、虎門を起点に北を獅子洋、南を伶仃洋という(西岸の広州南沙とあわせて、歴史的虎門と呼んだ)。珠江を前方に、背後を三方向から丘陵(大人山など)が虎門の街を包みこむすぐれた風水をもつ。清代の虎門は大人山とその山麓の虎門寨にあり、虎門水師や提督の衙門がおかれた軍事要衝であった。その虎門寨の前方の太平水道に面して太平の港町があり、ここが虎門旧城となっている。太平水道の対岸に浮かぶ威遠島は、虎門の街を守る天然の城壁となっているほか、珠江に面して威遠砲台、靖遠砲台、鎮遠砲台といった広州防衛のための砲台がならんでいる。また太平(虎門旧城鎮)の西側に林則徐紀念館が立っているが、ここは鎮口村といって虎門寨や太平墟とは異なる別の村だった。1949年以降、新たに太平墟と虎門鎮が合併してひとつづきになり、太平墟の東側に新街区が整備されて、現在、虎門大道と太沙路が交わる十字路が虎門の中心部となっている。この虎門市街の北部に、莞城と虎門を結び、東莞南北の大動脈となっている地鉄2号線が走っているほか、香港西九龍と広州南駅を結ぶ広深港高鉄が通じている。また深圳宝安国際空港と広州を結ぶ穂深城際鉄路の主線が虎門を走り、珠江デルタ各地と公共交通で結ばれている。

Hu Men Cheng Shì
虎門市街城市案内

海上防衛の要塞だった虎門寨や港町の太平墟
それらが一体となって東莞第2の街、虎門がつくられた
珠江にのぞむデルタ地帯の虎門市街

虎門鎮 (虎門市街) ／虎门镇 ★★☆
⑪ hǔ mén zhèn ⑫ fú mun⁴ jan²
こもんちん (こもんしがい) ／フウメンチェン／フウムゥンザァン

　莞城に続く東莞第2の都市で、香港やマカオ、広州に通じる港を抱える虎門鎮 (虎門市街)。現在の虎門鎮は、1985年に港町の太平鎮 (虎門旧城) と虎門寨が合併し、両者の東側につくられた新街区をさす。この虎門市街の建設にあたって、威遠島へ伸びる虎門大道と、それと直角に交わる太沙路が整備され、その中央に虎門広場があり、また北西側に虎門寨商業街が位置する。ちょうど西は威遠島と太平水道、北はアヘン戦争博物館の立つ鎮口、南は広済河、東は虎門公園のあたりが虎門市街となる。1978年にはじまった改革開放では、香港と水路を使った優位性から、いち早く「服装城 (衣料品の街)」へとかじを切り、東莞発の富民集団による富民時装城、同じく黄河集団による黄河中心大厦 (黄河時装城) が拠点を構える。この黄河中心大厦や虎門会展中心などのビジネス機能をもった大型建築も位置し、現在の虎門鎮 (虎門市街) は「中国女装名鎮」「南派服装名城」として知られている。

虎門広場／虎门广场 ★☆☆

北 hǔ mén guǎng chǎng 広 fú mun⁴ gwóng cheung⁴

こもんひろば／フウェングゥアンチャアン／フウムゥングゥオンチャアン

　　虎門市街の中心部に位置し、鎮政府大楼、郵電大楼、虎門市場や金融機関などが集まる虎門広場。この広場には煙槍の雕塑(アヘンを吸うためのパイプがおれたもの)がおいてあり、アヘン戦争(1840～42年)の敗北による外国の侵略を忘れない自戒の念がこめられている。雕塑家潘鶴による創作で、1997年に完成した。ここ虎門広場は虎門市民の憩いの場となっている。

★★★

虎門／虎门 フウェン／フウムゥン

アヘン戦争博物館(虎門林則徐紀念館)／鸦片战争博物馆(虎门林则徐纪念馆)　ヤアピィアンチャアンチェンボオウグゥアン(フウェンリンゼエシュウジニィイングゥアン)／アアピィインジェンザァンボオッアッグゥン(フウムゥンラムザアッチョオイゲエイニィムグゥン)

威遠砲台／威远炮台 ウェイユゥエンパァオタァイ／ワアイユゥンパアウトォイ

★★☆

虎門鎮(虎門市街)／虎门镇 フウェンチェン／フウムゥンザァン

虎門寨商業街(虎門女人街)／虎门寨商业街 フウェンチャアイシャンイエジィエ／フウムゥンジャアイソンオンイィガアイ

虎門旧城鎮(太平)／虎门旧城镇(太平)　フウェンジゥウチャアンチェン(タアイピィン)／フウムゥンガアウセンザァン(タアイペェン)

虎門砲台／虎门炮台 フウェンパァオタァイ／フウムゥンパアウトォイ

珠江／珠江 チュウジィアン／ジュウゴォン

虎門大橋／虎门大桥 フウェンダアチャオ／フウムゥンダアイキィゥ

★☆☆

虎門広場／虎门广场 フウェングゥアンチャアン／フウムゥングゥオンチャアン

富民時装城／富民时装城 フウミンシイチュウアンチャアン／フウマンシィジョオンセェン

東莞黄河中心大厦(黄河時装城)／东莞黄河中心大厦(黄河时装城)　ドォングゥアンフウアンハアチョオンシィンダアシャア(フウアンハアシイチュウアンチャアン)／ドォングゥンウォンホオジョオンサアムダアイハア(ウォンホオシイジョオンセェン)

虎門会展中心／虎门会展中心 フウェンフゥイチャアンチョオンシィン／フウムゥンウイジインジョオンサアム

虎門公園／虎门公园 フウェンゴォンユゥエン／フウムゥンゴォンユゥン

太平港(虎門港)／太平港(虎门港)　タアイピィンガァン(フウェンガァン)／タアイペェンゴォン(フウムゥンゴォン)

執信公園／执信公园 チイシィンゴォンユゥエン／ジャアッソンゴォンユゥン

威遠島／威远岛 ウェイユゥエンダァオ／ワアイユゥンドォウ

海戦博物館／海战博物馆 ハァイチャアンボオウグゥアン／ホオイジィンボオッマアッグゥン

鎮遠砲台／镇远炮台 チェンユゥエンパァオタァイ／ザァンユゥンパアウトォイ

定洋砲台(鵝夷砲台)／定洋炮台(鹅夷炮台)　ディンヤァンパァオタァイ(アアイイパァオタァイ)／ディンヤァンパアウトォイ(ンゴイイパアウトォイ)

三門口(九門寨)／三门口(九门寨)　サァンメェンコォウ(ジィウメェンチャアイ)／サアムムゥンハァウ(ガアウムゥンザアイ)

蒋光鼐故居／蒋光鼐故居 ジィアングゥアンナァイグゥジュウ／ジョォングゥオンナアイグゥゴオイ

新湾美食街／新湾美食街 シィンワァンメェイシィジィエ／サアンワアンメェイシィッガアイ

虎門駅／虎门站 フウェンチャアン／フウムゥンザアム

郭真人古廟／郭真人古庙 グゥオチェンレェングゥミィアオ／グゥオッザアンヤングゥミィゥ

白沙鄭氏大宗祠／白沙郑氏大宗祠 バァイシャアチェンシダアゾォンツゥ／バアアッサアゼェンシイダアイジョオンチイ

虎門寨商業街(虎門女人街)／虎門寨商业街 ★★☆

㊗ hǔ mén zhài shāng yè jiē ㊝ fú mun⁴ jaai³ seung¹ yip³ gaai¹
こもんさいしょうぎょうがい(こもんにょにんがい)／フウェンチャアイシャンイエジィエ／フウムゥンジャアイソオンイイッガアイ

　「服装城(衣料品の街)」として知られる虎門のなかで、有名、無名ブランドなど服装や女性向け雑貨、工芸品や美術品の集まる虎門寨商業街(虎門女人街)。運河北側の仁寿街、仁徳街、仁義路、仁愛街と細い路地がつづき、人民中路へいたる一帯で、虎門の夜を彩る長さ200mほどの虎門寨仁義里巷夜市には100以上の屋台が集まる。このあたりは1978年に改革開放がはじまる以前は、農地が広がるばかりだったが、1988年に何棟もの工場が建設され、その後、虎門の衣料品卸売の拠点となった。水路で通じた香港との関係や人脈を使って、最新の衣料品やそのスタイルが伝わりやすく、香港にある女人街になぞらえて、「虎門女人街」ともいう。

虎門は「服装城 (衣料品の街)」

　香港まで近く、珠江という水路で往来できるという点、多くの虎門人が香港に出稼ぎに行ってその血縁関係を利用できたという点が、「服装城(衣料品の街)」という現在の虎門をかたちづくった。1978年に改革開放がはじまったとき、虎門はそれほど大きくない漁村に過ぎなかった。当時の虎門人は香港や深圳沙頭角(国境)へ魚や野菜を売りに行き、そこで得たお金で服、靴、靴下、布などの衣服を買って虎門に戻ってきた(水路で香港まで数時間の距離だった)。香港の服はとても高く売れたといい、衣料品をあつかう屋台街(洋貨街)が太平(執信公園)の一角にできていた。改革開放の流れが本格化すると、「一鎮一業、一村一品」の考えから、縫製業、織物業はじめ、衣料品産業を街全体の基幹産業とする「服装興鎮(「衣服で町を発展させる」)」の路線が目指された。こうして衣料品の製造、衣料品の販売、衣料品の情報発信までをあつかう「服装城(衣料品の街)」の基盤ができ、中国全土、香港や海外の企

業も進出するようになった。1996年からは中国(虎門)国際服装交易会もはじまっている。

富民時装城／富民时装城 ★☆☆
北 fù mín shí zhuāng chéng 広 fu² man⁴ si⁴ jong¹ sing⁴
ふみんじそうじょう／フウミィンシィイチュウアンチャアン／フウマンシィジョオンセェン

　　衣料品、靴、革製品、宝飾品、時計などをあつかう1000を超す店舗が集まる富民時装城。1993年に官民共同で建設された富民商業大厦を前身とし、1996年創建で東莞虎門を拠点とする衣料品をあつかう企業の富民集団が拠点をおく。虎門では「服装興鎮(『衣服で街を発展させる』)」という目標をもとに、衣料品産業を虎門鎮の柱として雇用、商業の活性化が目指された。当初はブランドはなく模倣品をつくっていたが、やがて洗練された服が虎門から生まれるようになった。富民時装城には、衣料品店のほか、ファーストフード、レストラン、化粧品店など多様なショップが入居する。

東莞黄河中心大厦(黄河時装城)／东莞黄河中心大厦(黄河时装城) ★☆☆
北 dōng guǎn huáng hé zhōng xīn dà shà (huáng hé shí zhuāng chéng) 広 dung¹ gun¹ wong⁴ ho⁴ jung¹ sam¹ daai³ ha³ (wong⁴ ho⁴ si⁴ jong¹ sing⁴)
どんがんこうがちゅうしんたいか(こうがじそうじょう)／ドォングゥアンフゥアンハアチョオンシィンダアシャア(フゥアンハアシィチュウアンチャアン)／ドォングゥンウォンホオジョオンサアムダアイハア(ウォンホオシイジョオンセェン)

　　虎門市街中心部、虎門大道と銀龍路の交差点にそびえる高さ229.9m、62階建ての東莞黄河中心大厦(黄河時装城)。ブランド、富、ファッション、国際性をテーマとする虎門の表徴建築で、高層建築最上部の57階から62階部分は「金のダイヤモンド」のかたちをしている。ファッション卸売販売のほか、スーパーマーケット、デパート、またビジネスオフィス、5つ星ホテルの入居する複合施設となっている。衣料品に関して東莞最大規模の黄河時装城があり、子供服、婦人服などの衣類や靴をあつかう卸売市場と流通センターの機能をもっている。ここ東莞黄河中心大厦には、富民集団とならんで東莞虎門を拠点とする黄河集団がオフィスを構える。

虎門会展中心／虎门会展中心 ★☆☆

(北) hǔ mén huì zhǎn zhōng xīn (広) fú mun⁴ wui³ jín jung¹ sam¹
こもんかいてんちゅうしん／フウメェンフゥイチャアンチョオンシィン／フウムゥンウイジインジョオンサアム

　連升中路に位置し、虎門で行なわれるビジネス展覧会が開催される虎門会展中心。2016年に完成したこの虎門会展中心は展覧館、表演庁などからなり、虎門でつくられた衣料品はじめ、服装、機械、茶葉などの展示会が開かれる。1996年に中国(虎門)国際服装交易会がはじまり、虎門会展中心がその舞台となった。広州、香港、深圳、マカオをふくむ粤港澳大湾区の発展、深圳宝安国際空港への近さからも虎門での展示会が注目される。

虎門公園／虎门公园 ★☆☆

(北) hǔ mén gōng yuán (広) fú mun⁴ gung¹ yún
こもんこうえん／フウメェンゴォンユゥエン／フウムゥンゴォンユウン

　「緑色城市」をテーマとする虎門が、市民の憩いの場として整備した虎門公園。虎門市街の東部に位置し、「廉之園」「廉之窓」「廉之道」「清風百花園」などの景区からなる。山頂頂部には楼閣が立ち、虎門市街を見渡せるほか、人造湖、亭、遊歩道などが各地にちりばめられている。虎門公園では蝶が舞い、池には睡蓮の花が咲いている。

虎門鎮の中心部、多くの人が行き交う

アヘン戦争博物館（虎門林則徐紀念館）は虎門最大の見どころ

虎門とは珠江が南海にそそぐ門という意味

カラフルな看板で彩られている

Hu Men Jiu Cheng
虎門旧城城市案内

虎門の港町太平が虎門旧城にあたる
虎門寨とは異なる市場の太平墟を前身とし
清代、水運への需要から虎門商業街として台頭した

虎門旧城鎮(太平)／虎门旧城镇 (太平) ★★☆

㊗ hǔ mén jiù chéng zhèn (tài píng) ㊐ fú mun⁴ gau³ sing⁴ jan² (taai² ping⁴)
こもんきゅうじょうちん(たいへい)／フウメンジィウチャアンチェン(タイピイン)／フウムゥンガァウセンザァン(タアイペェン)

　太平水道の東岸に面した虎門旧城鎮(太平)には、清代以来、
虎門の港町がおかれてきた。東の虎門大道、北の太沙路,西
の長堤路、南の太平水道に囲まれたエリアで、威遠島に隠れ
て河川港に適した場所だった。清の康熙年間(1680年)以来、
大人山南麓に虎門寨が構えられ、虎門旧城鎮の地は虎門寨
の前庭にあたり、汛地と呼ばれて海上警備隊がおかれていた
(1799年、このあたりの鵝公山の麓に潮をさけ、稲作をするための堤防がつ
くられたという)。やがて清嘉慶年間(1796～1820年)、虎門寨の南
門外に市場の太平墟が開かれ、太平墟から船は直接、虎門寨
まで行くことができたという(ほかにも虎門では、鎮口村と広済墟
に人が集まっていた)。虎門旧城鎮(太平)は珠江を往来する船が
必ず停泊する場所であり、虎門太平と東江を通じて、広州、莞
城、石龍とのあいだを往来する船の姿があった。その重要性
はアヘン戦争の舞台となったこと、またアヘン戦争後にはよ
り発展し、当時の虎門太平は莞城、石龍とならぶ東莞三大墟
鎮のひとつと知られた。中華民国時代の1924年には太平墟
が太平鎮となり、虎門政治の中心も虎門寨から港町の太平鎮
に遷った。そして国民党の都が広州にあった1920～30年代、
香港との船が往来する虎門太平は「不夜天(眠らない街)」「小香

虎門

莞城
東莞駅へ
鉄鋼廊
虎門駅
香港西九龍
深圳福田へ
白沙鄭氏
大宗祠
白沙
中心南路
郭真人
古廟
沙田大道
白沙
白沙大路
広深沿江高速公路
人民
北路
輪渡路
体育路
虎門
東駅
東莞市
虎門
アヘン戦争
博物館
黄河
中心大厦
虎門大道
虎門
公園
獅子洋
虎門
旧城
太平港
虎門
広場
虎門会展
中心
威遠島
威遠鎮
鎮遠
砲台
威遠鎮
莞仏高速
連升
中路
広州市
南沙
上横档
威遠
砲台
海戦博物館
虎門
砲台
三門口
(九門寨)
太平水道
深圳
光明路
新湾
美食街
南栅
虎
門
大
橋
下横档
外環島路
蒋光鼐
故居
N
0km
10km

虎門旧城

アヘン戦争
博物館へ
キリスト教
太平福音堂
運河北路
虎門寨
商業街
執信運河
運河南路
広済河
解放路
太平手袋廠
陳列館
富民
時装城
人民中路
朱執信
紀念碑
則徐路
銀龍街
執信
公園
虎門医院
旧址
吉祥街
黄河
中心大厦
威遠
公園
執信路
虎門旧城鎮
(太平)
永安
外環島路
海濱路
誠信街
虎門市街
長堤路
大沙路
環島路
太平水道
港口横路
虎門大道
虎門鎮
太平港
(虎門港)
虎門
市場
虎門
広場
鎮遠
大橋
0km
1km
N

港」と呼ばれていた。こうしたなか、1949年に中華人民共和国が誕生し、1978年以後に改革開放がはじまると、この虎門旧城鎮(太平)と虎門寨、鎮口村はひとつながりになり、その東側に新たな街区(虎門市街)がつくられた。

執信路／执信路★☆☆
㉛ zhi xin lù　㊋ jap¹ seun² lou³
しっしんろ／チイシィンルウ／ジャアッソォンロウ

　　虎門旧城鎮(太平)のメインストリートで、虎門太平老街とも呼ばれる執信路。太平のはじまりは、清朝嘉慶年間(1796〜1820年)に市場の太平墟が開かれたことにはじまり、それは

この執信路(かつての猪仔街)にあった。当時、鵝公山(執信公園)
麓には港があり、農民と漁民がそれぞれ物産をもちあって
売買が行なわれたほか、鍛冶屋、魚屋、茶屋、穀物などを売る
店がならんでにぎわっていた。それは執信路、則徐路、海濱
路、長堤路一帯におよび、清末民初、石レンガ製の嶺南式大
屋がならんで、港町をつくっていた。国民党の都がおかれた
広州、また広東省(虎門)が繁栄を見せる1920〜30年には金
銀器を加工する屋台街(洋貨街)があり、珠江を通じて香港の
物資や情報がいち早く伝わっていた。それは20世紀後半、虎
門の執信公園あたりで香港の衣料品をあつかう露店商が出
て、服装城へと発展をとげる虎門の先がけとなるものでも
あった。1950年代末から60年代初頭にかけて虎門旧城鎮(太
平)の整備が進み、堤防が修築され、新洲路、執信路、公園前あ
たりも整備された。執信路とは虎門で生命を落とした革命
家の朱執信(1885〜1920年)に由来する。

執信公園／执信公园 ★☆☆

⊕ zhí xìn gōng yuán ⊕ jap¹ seun² gung¹ yún
しっしんこうえん／チイシィンゴンユウエン／ジャアッソンゴンユウン

　虎門旧城鎮(太平)の中心に位置する小高い丘陵を擁した
執信公園。乾隆末年(1799年)に鵝公山(執信公園)麓に潮(塩分)
から稲を守るための堤防がつくられ、続く嘉慶年間(1796〜
1820年)に執信公園あたりに市場(太平墟)が開かれた。鵝公山
あたりは緑に包まれていて、辛亥革命の功労者である朱執
信(1885〜1920年)が虎門で殉教したことで、新たに執信公園
として整備されることになった。高さ7.2m、下部の幅2.6m
の花崗岩製の朱執信先生紀念碑が1923年に建てられ、1931
年に重建された(そのとき執信公園となった)。虎門図書館、虎門
医院旧址、レンガづくりの太平手袋廠陳列館などが残り、現
在は老虎門を伝える場所として観光地化も進んでいる。虎
門の歴史とモニュメントや洗練された空間、公園の緑が一
体となった執信文化街区が形成されている。

太平港 (虎門港) ／太平港 (虎门港) ★☆☆

🀄 tài píng gàng (hǔ mén gàng) 🀄 taai² píng⁴ góng (fú mun⁴ góng)

たいへいこう(こもんこう)／タイピィンガアン(フウメェンガアン)／タアイペェンゴオン(フウムゥンゴォン)

　珠江口から南海へと続く虎門にあって、ちょうど威遠島を港の風よけとし、珠江支流の太平水道を少しさかのぼったところにある太平港(虎門港)。清代の1685年、外国との貿易事務を行なう粤海関が開かれると、虎門鎮太平港には、海関の分館がおかれることになった。太平港は南海から珠江をさかのぼる船が必ず通らなくてはならない要衝であり、外国商船の停泊する数少ない港のひとつであった。広東省の特産品や手工芸品、東莞の莞草や莞香、陶磁器もこの港に集まって、各地に輸出されていったという。また清代には川下の虎門、中央の莞城、川上の石龍を往来する客船は200を超えたといい、人や物資の往来は東莞の学問や教育、文化を盛んにさせた。こうした虎門太平港の性格は、この地が1840〜42年のアヘン戦争の舞台となったことからもうかがえる。中華民国の1920〜30年代も香港や広州とのあいだを行きかう人や船の姿が太平港(虎門港)にはあり、珠江口有数のにぎわいを見せていた。そして1953年には太平港口岸がおかれ、香港やマカオとのフェリーの往来する虎門商業、貿易の中心地となり、虎門は港町太平から周囲の城寨や村をとりこむように拡大した(また1971年には東江の淡水を運ぶ太平運河がひかれて、太平港に連結した)。1978年に改革開放がはじまって珠江デルタの一体化が進み、多くの人が太平港(虎門港)を往来している。

キリスト教太平福音堂／基督教太平福音堂 ★☆☆

🀄 jī dū jiào tài píng fú yīn táng 🀄 gei¹ duk¹ gaau² taai² píng⁴ fuk¹ yam¹ tong⁴

きりすときょうたいへいふくいんどう／ジイドゥウジィアオタアイピィンフウインタァン／ゲエイドオッガアウタアイペェンホオッヤァムトォン

　虎門旧城鎮(太平)の運河北路に立つキリスト教太平福音堂。アヘン戦争(1840〜42年)後にキリスト教宣教師が布教の

ために進出し、光緒年間(1897年)に建てられた教堂を前身とする。この教会ではドイツ人宣教師が中心的存在となり、女性のクリスチャンが暮らす姑娘楼を備えていた。1963年、文革で破壊されたのち、1985年に正式に活動は再開された。1994年にもとの教会である3階建ての聖堂(聖殿)が再建され、その後、2000年に赤の壁面で中央の鐘楼に十字架を載せる礼賢大楼が完成した。

東莞／「アヘン戦争」と莞城・虎門

林則徐紀念館鑑賞案内

1839年、欽差大臣として広州に派遣された林則徐は
イギリス商人から没収したアヘンを
ここ虎門の鎮口で焼却し、強い態度を内外に示した

鎮口／镇口★☆☆
⑪ zhèn kǒu ⑫ jan² háu
ちんこう／チェンコゥウ／ザァンハァオ

　明清時代、海上防衛の要塞がおかれた虎門にあって、鎮口村は広済墟とともに太平墟(市場)ができる以前からある集落だった。そして虎門(虎門寨)に近いことから、珠江をさかのぼる外国(広州十三行)の船が必ず通る場所として、広州粤海関のうち虎門太平、鎮口、石龍は重要な貿易事務拠点となっていた。こうした経緯もあって、鎮口は林則徐(1785～1850年)がイギリスから没収したアヘンを焼却した地として知られている。1839年、アヘン問題にあたった林則徐は鎮口村で2万箱のアヘンを焼却し、やがてアヘン戦争が勃発した。鎮口村はそのさなかの1841年にイギリス軍に焼き討ちにあうなど、戦いの舞台となり、それを記念して鎮口村に1957年、林則徐紀念館が建てられた。1971年には東江の淡水をひく太平運河が開通して、鎮口と対岸の稔洲を結ぶ閘門が建設され、ここに淡水をためて虎門や長安に行き渡らせることができるようになった。

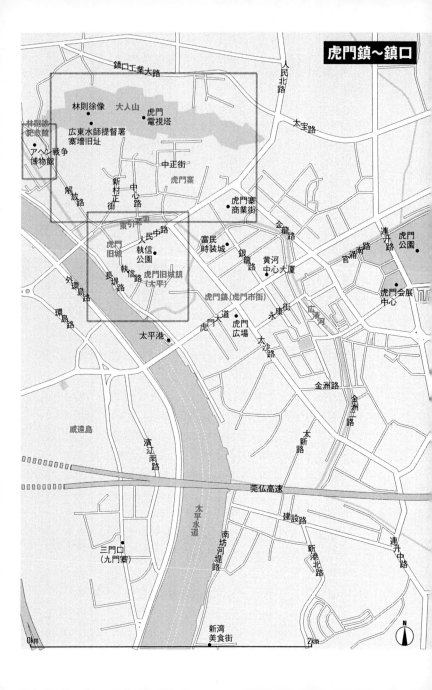

鎮口工業大路

人民北路

林則徐像　大人山

虎門
電視塔

太宝路

林則徐
紀念館

広東水師提督署
寨墙旧址

アヘン戦争
博物館

中正街

虎門寨

解放路

新村正街

中心路

虎門寨
商業街

金龍路

連升路

虎門
公園

東門運河

人民中路

富民
時装城

銀龍路

南浦路

官浦路

虎門
旧城

執信
公園

執信路

黄河
中心大厦

虎門会展
中心

長堤路

虎門旧城鎮
(太平)

虎門鎮(虎門市街)

永安街

広済河

外環島路

虎門大道

虎門
広場

太沙路

環島路

太平港

金洲路

金洲二路

威遠島

濱江南路

太新路

莞仏高速

建設路

連升中路

太平水道

三門口
(九門寨)

南坊河堤路

新港北路

新湾
美食街

0km　　　　　　　　　　　　　　　　　　　　　　　　2km

N

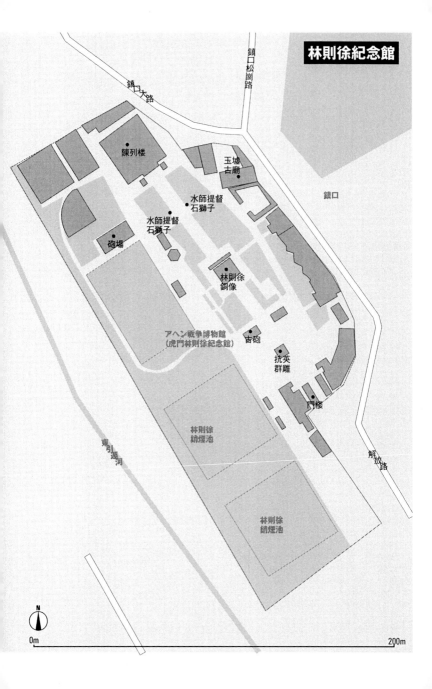

林則徐紀念館

鎮口松崗路

鎮口大路

陳列楼

玉墟
古廟

水師提督
石獅子

鎮口

水師提督
石獅子

砲場

林則徐
銅像

アヘン戦争博物館
(虎門林則徐紀念館)

古砲

抗英
群雕

闘楼

林則徐
銷煙池

解放路

東引運河

林則徐
銷煙池

N

0m
200m

★★★
虎門／虎门 フウメン／フウムゥン

アヘン戦争博物館（虎門林則徐紀念館）／鸦片战争博物馆（虎门林则徐纪念馆）　ヤアピィアン
チャアンチェンボオウウグゥアン(フウメンリィンゼエシュウジイニィエングゥアン)／アアピィンジィンザァンボオッマアッグウン(フウ
ムゥンラムザアッチョオイゲエイニィムグウン)

★★☆
林則徐銅像／林则徐铜像 リィンゼエシュウトンシィアン／ラムジャアッチョイトンジァアン

虎門鎮（虎門市街）／虎门镇 フウメンチェン／フウムゥンザァン

虎門寨商業街（虎門女人街）／虎门寨商业街 フウメンチャアシャンイエジィエ／フウムゥンジャアイソオンイイッ
ガアイ

虎門旧城鎮（太平）／虎门旧城镇（太平）　フウメンジィウチャアンチェン(タイピィン)／ノウムゥングァウセェ
ンザァン(タアイペェン)

★☆☆
鎮口／镇口 チェンコォウ／ザァンハァオ

抗英群雕／抗英群雕 カァンイィンチュンディアオ／コォンイィンクォンディウ

広東水師提督石獅彫塑／广东水师提督石狮雕塑 グゥアンドォンシュイシイティイドゥウシイシイディアオスウ／
グゥオンドォンソイシイタアイドオッセエッシイディウゾォウ

陳列楼／陈列楼 チェンリィエロオウ／チャンリィッロォウ

玉墟古廟／玉墟古庙 ユウシュウグウミィアオ／ヨオッホォイグウミィウ

林則徐銷煙池／林则徐销烟池 リィンゼエシュウシィアオイエンチイ／ラムジャアッチョイシィウイィンチイ

虎門寨／虎门寨 フウメンチャアイ／フウムゥンジャアイ

大人山／大人山 ダアレェンシァアン／ダアイヤァンサァン

林則徐像／林则徐像 リィンゼエシュウシィアン／ラムジャアッチョイジァアン

広東水師提督署寨墻旧址／广东水师提督署寨墙旧址 グゥアンドォンシュイシイティイドゥウシュウチャアイチィア
ンジィウチイ／グゥオンドォンソイシイタアイドオッチュウザアイチョンガァオジイ

威遠島／威远岛 ウェイユウエンダァオ／ワアイユゥンドォウ

虎門広場／虎门广场 フウメングゥアンチャアン／フウムゥングゥオンチャアン

富民時装城／富民时装城 フウミィンシィイチュウアンチャアン／フウマンシィジョオンセェン

東莞黄河中心大厦（黄河時装城）／东莞黄河中心大厦（黄河时装城）　ドォングゥアンフウアンハアチョ
オンシィンダアシァア(フウアンハアシイチュウアンチャアン)／ドォングゥンウォンホオジョオンサアムダアイハア(ウォンホオシイジョ
オンセェン)

虎門会展中心／虎门会展中心 フウメンフウイチャアンチョオンシィン／フウムゥンウイジインジョオンサアム

虎門公園／虎门公园 フウメンゴォンユウエン／フウムゥンゴォンユウン

執信路／执信路 チイシィンルウ／ジァアッソォンロウ

執信公園／执信公园 チイシィンゴォンユウエン／ジァアッソォンゴォンユウン

太平港（虎門港）／太平港（虎门港）　タァイピィンガアン(フウメンガアン)／タアイペェンゴオン(フウムゥンゴォ
ン)

三門口（九門寨）／三门口（九门寨）　サァンメェンコォウ(ジィウメェンチャアイ)／サアムムゥンハアウ(ガアウムゥン
ザアイ)

新湾美食街／新湾美食街 シィンワァンメェイシイジィエ／サアンワアンメェイシイッガアイ

アヘン戦争博物館（虎門林則徐紀念館）／鴉片战争博物馆（虎门林则徐纪念馆）★★★

⑭ yā piàn zhàn zhēng bó wù guǎn (hú mén lín zé xú jì niàn guǎn) ⑤ a¹ pin² jin² jang¹ bok² mat³ gún (fú mun⁴ lam⁴ jak¹ cheui⁴ géi nim³ gún)

あへんせんそうはくぶつかん（こもんりんそくじょきねんかん）／ヤアピィアンチャアンチェンボオウグゥアン（フウメェンリィンゼエシュウジイニィエングゥアン）／アアビィンジィンザァンボオッマアッグゥン（フウムゥンラムザアッチョオイゲエイニィムグゥン）

イギリスと清朝（中国）とのあいだの1840年に勃発したアヘン戦争、中国の近代化へ大きな影響をあたえた1842年に結ばれた南京条約、こうしたアヘン戦争から近代中国への歩みを展示するアヘン戦争博物館（虎門林則徐紀念館）。清代の対外貿易は広州一港に限定され、イギリスは増大する中国茶輸入による赤字を、インド産アヘンの輸出で相殺しようとしたことから、広州を中心にアヘン中毒者が蔓延した。1839年、こうした事態を受けて、問題を解決する欽差大臣として、林則徐（1785～1850年）が広州に派遣された。林則徐はこのアヘン問題を徹底的に調査し、イギリス商人に対しても毅然とした態度でのぞみ、外国商人から没収したアヘンをここ東莞虎門で焼却した。やがてイギリスは武力にうったえるアヘン戦争に突入して、清朝は敗れるが、林則徐の対応や方針、能力は今では高く評価されている。このアヘン戦争博物館（虎門林則徐紀念館）は、1957年に林則徐記念館として建てられたのち、1972年、1985年と何度か拡建され、現在はアヘン戦争博物館として開館している。鎮口は林則徐がアヘンを焼却した地（虎門銷煙）であり、灰とアヘンを混ぜて処分した池、林則徐やアヘン戦争にまつわる展示が見られる陳列楼が位置する。

アヘン戦争博物館の構成

虎門市街に隣接する鎮口に立つ「虎門林則徐紀念館」、虎門の西側に浮かぶ威遠島に位置する「威遠砲台」「海戦博物館」、広州南沙と対峙し、珠江の川幅が一気にせばまる地点に残る

「沙角砲台」をあわせてアヘン戦争博物館と呼ぶ。これら場所
や性格の異なる複合的博物館の中心が、虎門鎮口に位置する
「アヘン戦争博物館（虎門林則徐紀念館）」で、虎門市街から西郊外
の鎮口のアヘン戦争博物館に向かって解放路が伸びている。
博物館の入口から奥に向かって「抗英群雕」「古砲」「林則徐銅
像」「水師提督石獅子」「陳列楼」が軸線上に続く。そして、この
軸線の南側に林則徐がアヘンを焼却したという「林則徐銷煙
池」も見られ、軸線の北側には鎮口村の人たちの信仰を集め
ていた「玉墟古廟」が再建されている。

抗英群雕／抗英群雕★☆☆
北 kàng yǐng qún diāo　広 kong² yíng¹ kwan⁴ diu¹
こうえいぐんちょう／カァンイィンチュンディアオ／コォンイィンクォンディウ

　アヘン戦争（1840〜42年）時にイギリスに抗戦した青年や漁
民女性などの虎門の人たちが大砲とともに彫り出された抗
英群雕。博物館の入口付近に位置するこの彫像は赤砂岩製
で、1972年におかれた。アヘン戦争中の1841年2月末、虎門を
占領したイギリス軍は、近くの鎮口村にも進軍して村を焼き
払い、女性たちに暴力をふるった。鎮口村の人たちは130人の
決死隊を結成して（100人を選ぶはずだったが、それをうわまわる志願
者が出た）、夜間にイギリス軍の軍船に近づき、イギリス軍に打
撃をあたえた。この話をはじめとして、アヘン戦争では、漁民
や農民たちがゲリラ戦を展開して、イギリス軍を苦しめた。

林則徐銅像／林則徐铜像★★☆
北 lín zé xú tóng xiàng　広 lam⁴ jak¹ cheui⁴ tung⁴ jeung³
りんそくじょどうぞう／リィンゼエシュウトンシィアン／ラァムジャアッチョイトォンジァアン

　アヘン戦争博物館に立つ、近代中国の民族的英雄である
清朝官吏の林則徐銅像。福建省出身の林則徐（1785〜1850年）
は清廉潔白な官吏として知られ、水利などですぐれた成果
をあげて湖広総督となった。当時の清朝ではアヘン弛禁派
と厳禁派がいて、1839年、厳禁派の林則徐がアヘン問題にあ

清朝最高の官吏にあげられる林則徐(1785〜1850年)

ここで石灰とまぜてアヘンを焼却した

激戦が交わされたアヘン戦争、抗英群雕

たる全権大使(欽差大臣)として広州に派遣された。そしてイギリス商人からアヘンを没収した林則徐は、ここ東莞虎門で237万余斤(2万箱分)のアヘンを石灰にまぜて焼却した。林則徐銅像では清朝官吏の服を身にまとい、右斜めうえを向き、右手でひげをさわる堂々とした姿が表現されている。この林則徐の銅製坐像は1989年に建立された。

広東水師提督石獅彫塑／广东水师提督石狮雕塑 ★☆☆

(北) guǎng dōng shuǐ shī tí dū shí shī diāo sù (広) gwóng dung¹ séui sí¹ tai⁴ duk¹ sek³ si¹ diu¹ sou²

かんとんすいしていとくせきしちょうそ／グゥアンドォンシュイシイティイドウシイシイディアオスウ／グゥオンドォンソォイシイタァイドォッセエッシイディウゾォウ

虎門寨の広東水師提督署前にあった石獅子が遷された広東水師提督石獅彫塑。それまで惠州にあった広東水師提督署は1810年に虎門に設置され、広東省沿岸部の防衛に関する最高指揮官となっていた(広東水師提督署は、中華民国以後に破壊された)。石獅子は守護神として宮城や衙門の門前におかれ、この石獅子はアヘン戦争博物館の整備にあわせて現在の場所に設置された。

陳列楼／陈列楼 ★☆☆

(北) chén liè lóu (広) chan⁴ lit³ lau⁴

ちんれつろう／チェンリィエロォウ／チャンリィッロォウ

アヘン戦争博物館の最奥部に立ち、この博物館の中心的建築である陳列楼。アヘンとは何か？　という説明、茶とアヘンの輸出入を示したアヘン貿易、アヘン禁煙のとり組み、1839年の林則徐による虎門でのアヘン焼却を説明する「虎門銷煙展」が見られる。陳列楼内では、粤海関の再現、広州十三行のミニチュアや銅像、アヘンの吸引の道具、アヘン中毒者の写真、清代の陶磁器、アヘン戦争を描いた油絵、服飾などが展示されている。当初、1989年に整備されたときは、「林則徐とアヘン戦争史実」をテーマとしていたが、2011年、改装し、209セットの文物、324枚の写真からなる現在の姿になった。

玉墟古廟／玉墟古庙 ★☆☆

(北) yù xū gǔ miào　(広) yuk³ heui¹ gú miu³

ぎょくきょこびょう／ユウシュウグウミィアオ／ヨオッホォイグウミィウ

真武玄天上帝がまつられ、北廟とも呼ばれる道教寺院の玉墟古廟。この廟はいつ建てられたかわからないが、清朝道光年間(1820〜50年)、光緒年間(1874〜1908年)の記録が残っている。鎮口村の守り神がまつられ、1839年に林則徐がアヘンを焼却したとき、この廟はアヘンを保管する場所でもあったという。三間三進の伝統的な嶺南建築で、2007年に復元された。

林則徐銷煙池／林则徐销烟池 ★☆☆

(北) lín zé xú xiāo yān chí　(広) lam⁴ jak¹ cheui⁴ siu¹ yin¹ chi⁴

りんそくじょしょうえんち／リィンゼエシウウシィアアオイエンチイ／ラァムジャッチョイシィウインチイ

1839年、密輸を行なうイギリス商人からアヘンを没収した林則徐(1785〜1850年)が、アヘンと石灰と混ぜて焼却したという林則徐銷煙池。「銷」とはとかす、「煙」とはアヘンを意味する。清朝によるアヘンとりしまり政策のあとも、イギリス商人は珠江河口部の伶丁洋沖にアヘンを積み込んだ船を浮かべ、小舟で陸地まで密輸するという方法をとっていた。林則徐はイギリス商人に二度とアヘンをもちこまないという誓約書を書かせて、2万箱、237万6254斤にのぼるアヘンの在庫を没収した。そして虎門の海岸に池を掘り、塩水と焼いた石灰を混ぜてアヘンを焼却し、珠江へ流し捨てた(化学分解で処分した)。アヘンは煙をあげながら燃え、林則徐による虎門銷煙は1839年6月3日から25日まで3週間にわたって続いたという。1973年、この地が発掘され、ふたつの銷煙池が復元されることになり、現在は一辺50m弱の正方形の銷煙池が南北(北池と南池)に残っている。

陳列楼とその前方の広東水師提督石獅彫塑

Hu Men Zhai

虎門寨城市案内

**明清時代、広州へ続く珠江口の
防御拠点であった虎門寨
ここは現在の虎門の発祥の場所でもある**

虎門寨／虎门寨★☆☆
⑪ hǔ mén zhài　⑫ fú mun⁴ jaai³
こもんさい／フウメンチャアイ／フウムゥンジャアイ

　虎門寨は広東水師提督が拠点とした清代以来の城寨で、明初の1394年に虎頭山(珠江に浮かぶ島)におかれた城寨を前身とする。倭寇対策や海防にあたったこの要塞は、1588年、威遠島に、清初に三門口(九門寨)に遷り、その後、1680年に石旗嶺(大人山)の現在の場所に遷ってきた。1810年、広東省沿岸防衛の最高指揮官である広東水師提督の執務室がここにおかれ、虎門寨は大人山を背後とし、前方に半円形の城壁をめぐらせていた。この城寨の前方に港町の太平があり、その先の威遠島には沙角砲台、威遠砲台、鎮遠砲台が珠江口にのぞみ、対岸の砲台とあわせて扇型のような防衛体制を見せる。虎門寨ではアヘン戦争(1840〜42年)で活躍した広東水師提督の関天培が知られ、ここに司令部があったほか、1843年に虎門寨追加条約がイギリスとのあいだで結ばれている。南門から中心路が伸び、東西の中正街と交わる街区をもち、虎門寨内には東方五眼井、蘇氏宗祠などが点在している。虎門寨商業街(虎門女人街)を中心とする虎門寨商圏が隣接し、この虎門寨の南側に太平があり、その東側に新市街がつくられた。

虎門

莞城
東莞駅へ
虎門駅
香港西九龍
深圳福田へ
京港澳高速
白沙鄭氏
大宗祠
郭真人
古廟
白沙
沙田大道
白沙大路
莞太大路
体育路
虎門
東駅
輪渡路
広深沿江高速公路
人民北路
虎門大道
大人山
アヘン戦争
博物館
虎門公園
黄河
獅子洋
中心大廈
虎門会展
中心
太平港
戦遠島
虎門
広場
虎門市街
威遠砲
内河
連升中路
太平水道
鎮遠
砲台
威遠砲台
三門口
(九門寨)
光明路
上横档
虎門大橋
外環島路
海戦博物館
虎門
砲台
新湾
美食街
南柵
下横档
定洋砲台
(鵝夷砲台)
富民路
蒋光鼐
故居
珠江
東莞市
虎門
広州市
南沙
伶仃洋
N
0km
10km

虎門寨

N
鎮口工業大路
大人山
林則徐像
虎門
電視塔
大人山
広東水師提督署
寨墻旧址
アヘン戦争
博物館
鎮口
林則徐
紀念館
東方
五眼井
蘇氏
宗祠
中正街
太平水道
長堤路
解放路
新村正街
中心路
中正横街
虎門寨
虎門鎮
(虎門市街)
虎門寨
商業街
金龍路
キリスト教
太平福音堂
人民中路
銀龍路
仁義路
0km
2km

★★★

虎門／虎门 フウメン／フウムゥン

アヘン戦争博物館(虎門林則徐紀念館)／鸦片战争博物馆（虎门林则徐纪念馆） ヤアピィアンチャァンチェンボオウグウグゥアン(フウメンリィンゼエシュウジイニィエングゥアン)／アアビィンジィンザンボオッマアッグウン(フウムゥンラムザアッチョイゲエイニィムグウン)

威遠炮台／威远炮台 ウェイユゥエンパァオタァイ／ワアイユゥンパアウトォイ

★★☆

虎門鎮(虎門市街)／虎门镇 フウメンチェン／フウムゥンザァン

虎門寨商業街(虎門女人街)／虎门寨商业街 フウメンチャアイシャンイエジィエ／フウムゥンジャアイソオンイイッガアイ

虎門砲台／虎门炮台 フウメンパァオタァイ／フウムゥンパアウトォイ

珠江／珠江 チュウジィアン／ジュウゴォン

虎門大橋／虎门大桥 フウメンダアチャオ／フウムゥンダアイキィゥ

★☆☆

虎門寨／虎门寨 フウメンチャアイ／フウムゥンジャアイ

大人山／大人山 ダアレェンシャアン／ダアイヤァンサアン

林則徐像／林则徐像 リィンゼエシュウシィアン／ラァムジャアチョイジィアン

広東水師提督署寨墻旧址／广东水师提督署寨墙旧址 グゥアンドォンシュイシィティイドゥシュウチャアイチィアンジィウチイ／グゥオンドォンソォイシィタァイドオッチュウザアイチョオンガアオジイ

鎮口／镇口 チェンコォウ／ザァンハァオ

キリスト教太平福音堂／基督教太平福音堂 ジイドゥジィアオタァイピィンフウインタァン／ゲエイドオッガアウタアイペェンホオッヤアムトオン

威遠島／威远岛 ウェイユゥエンダァオ／ワアイユゥンドォウ

海戦博物館／海战博物馆 ハァイチャアンボオウグウグゥアン／ホオイジィンボオッマアッグウン

鎮遠砲台／镇远炮台 チェンユゥエンパァオタァイ／ザァンユゥンパアウトォイ

虎門広場／虎门广场 フウメンウゥアンチャアン／フウムゥングゥオンチャアン

東莞河中心大厦(黄河時装城)／东莞黄河中心大厦（黄河时装城） ドォングゥアンフゥアンハアチョオンシィンダアシャア(フゥアンハアシイチュウアンチャアン)／ドォングゥンウォンホオジョオンサアムダアイハア(ウォンホオシイジョオンセェン)

虎門会展中心／虎门会展中心 フウメンフウイチャアンチョオンシィン／フウムゥンウイジインジョオンサアム

虎門公園／虎门公园 フウメンゴォンユゥエン／フウムゥンゴォンユウン

太平港(虎門港)／太平港（虎门港） タァイピィンガアン(フウメンガアン)／タアイペェンゴォン(フウムゥンゴォン)

定洋砲台(鵝夷砲台)／定洋炮台（鹅夷炮台） ディンヤァンパァオタァイ(アアイイパァオタァイ)／ディンヤァンパアウトォイ(ンゴイイパアウトォイ)

三門口(九門寨)／三门口（九门寨） サァンメェンコォウ(ジィウメンチャアイ)／サアムムゥンハアウ(ガアウムゥンザアイ)

蒋光鼐故居／蒋光鼐故居 ジィアングゥアンナァイグゥジュウ／ジョオングゥオンナアイグゥゴオイ

新湾美食街／新湾美食街 シィンワァンメェイシイジィエ／サアンワアンメイシッガアイ

虎門駅／虎门站 フウメンチャアン／フウムゥンザァム

郭真人古廟／郭真人古庙 グゥオチェンレェングウミィアオ／グゥオッザアンヤングウミィウ

白沙鄭氏大宗祠／白沙郑氏大宗祠 バァイシャアチェンシィダアゾォンツウ／バアアッサアゼェンシイダアイジョオンチイ

大人山／大人山 ★☆☆

🀄 dà rén shān 🀄 daai⁴ yan⁴ saan¹

だいじんさん／ダアレンシャアン／ダアイヤァンサアン

　林則徐銷煙池に近い虎門市街の西側にそびえる大人山(石旗嶺)。前方に太平水道(珠江)をもつ風水からこの山の前方(南側)に虎門寨が築かれ、現在でも城壁が残っている。珠江口を見渡せる大人山には広東水師提督署があり、孫文(1866~1925年)は虎門の海防を視察するためにこの山を訪れたという。大人山は東西に屏風のように広がり、林則徐像、広東水師提督署寨墙旧址、電視塔、虎泉山荘などが点在し、森林の広がる大人山旅游景区として整備されている。

林則徐像／林则徐像 ★☆☆

🀄 lín zé xú xiàng 🀄 lam⁴ jak¹ cheui⁴ jeung³

りんそくじょぞう／リィンゼエシュウシィアン／ラァムジァアッチョイジャアン

　虎門寨背後の大人山にあって、遠く珠江をのぞむように立つ林則徐像。林則徐(1785~1850年)は福建省出身の清朝の官僚で、アヘンを密輸するイギリスに対して毅然とした態度でのぞみ、ここ東莞虎門でアヘンを焼却した。アヘン戦争博物館の林則徐像が坐像であるのに対して、こちらの大人山のものはななめうえを見る姿勢の立像となっていて、大人山の象徴的建築でもある。この地はかつて要塞の地であり、眼下の鎮口を見守るように立つ。

広東水師提督署寨墙旧址／广东水师提督署寨墙旧址 ★☆☆

🀄 guǎng dōng shuǐ shī tí dū shǔ zhài qiáng jiù zhǐ 🀄 gwóng dung¹ séui si¹ tai⁴ duk¹ chyu, jaai³ cheung⁴ gau³ jí

かんとんすいしていとくしょさいしょうきゅうし／グゥアンドォンシュイシイティイドゥシュウチャアイチィアンジィウチイ／グゥオンドォンソォイシイタァイドオッチュウザアイチョオンガァオジイ

　大人山の稜線にそって東西1400m以上にわたって残る広東水師提督署寨墙旧址。虎門には明初の1394年に要塞が築かれ、それは威遠島、三門口(九門寨)と場所が変わり、清康熙年間の1680年にこの大人山に遷ってきた。当時、東莞人たち

が銀7400余両を出しあって広東水師提督署寨墻（城壁）がつくられたという。1718年、レンガと石組みの要塞に拡建され、嘉慶年間の1810年には恵州にあった広東水師提督署が虎門におかれることになった。虎門寨は広東省沿岸防衛の最高司令部であり、アヘン戦争における激戦の舞台となった。提督署は中華民国（1912〜49年）にはいってから破壊され、現在は高さ2.1m、厚さ1mほどの城壁跡が続いている。この城壁には外向きの八角形の砲口がもうけられている。

威遠島城市案内

威遠島は虎門要塞の最前線でもあった
珠江口に浮かぶこの島からは
対岸に伸びる美しい虎門大橋も見える

威遠島／威远岛 ★☆☆

㉗ wēi yuǎn dào ㉦ wai¹ yun, dóu
いえんとう／ウェイユゥエンダオ／ワアイユゥンドウ

　太平水道の対岸、虎門市街とは威遠大橋で結ばれている威遠島。高さ100mほどの砂頁岩丘陵をもつ島のかたちが靴（ひし形）のようなので、阿娘鞋島という名前でも知られてきた。珠江口を睥睨する威遠島は、明清時代以来の砲台がおかれる軍事要衝であった。明の万暦年間(1588年)、威遠島南西部の武山に築かれた要塞を「虎頭門山前寨城」と呼び、清初にあった三門口(九門塞)の要塞を「虎頭門山后寨城」と呼んだ。清代、唯一の貿易港であった広州への海上ルートを防衛するために威遠、鎮遠、靖遠という虎門砲台が築かれ、アヘン戦争(1840～42年)の激戦の舞台となった。1997年に虎門威遠島と対岸の広州南沙を結ぶ虎門大橋がかけられ、珠江デルタの開発拠点のひとつとなっているほか、深圳宝安国際空港に近い立地も注目される。

虎門砲台／虎门炮台 ★★☆

㉗ hǔ mén pào tái ㉦ fú mun⁴ paau² toi⁴
こもんほうだい／フウメンパオタアイ／フウムゥンパアウトォイ

　珠江口東岸の威遠、鎮遠、靖遠、南山、鵝義、沙角砲台、伶仃洋をはさんで西岸の南沙の大角砲台、さらに大虎山（島）の砲

虎門

輪渡路

広深沿江高速公路

獅子洋

内河

林則徐

アヘン戦争
博物館

太平港

虎門大道

鎮遠
砲台

上横档

威遠島

威遠
砲台

海戦
博物館

珠江

下横档

横档島

外環島路

定洋砲台
(鵞夷砲台)

南沙
客運港

南沙
客運港

伶仃洋

珠江口

東莞市
虎門

威遠島

体育路

虎門
東駅

東莞
虎門

黄河

中心大廈

虎門
公園

虎門会展
中心

虎門
広場

虎門魚市

連升中路

太平水道

三門口
(九門寨)

新湾
美食街

南柵

蒋光鼐
故居

富民路

光明路

莞仏高速

太沙路

沙角
砲台

N

10km

0km

広州市
南沙

南沙
天后宮

威遠島

山頂営
旧址

蛇頭湾
砲台旧址

鎮遠
砲台

環島路

虎門
砲台

威遠
砲台

莞仏高速

威遠島

南山路

靖遠
砲台

海戦
博物館

海戦館路

内河

獅子洋

虎門大橋

珠江

伶仃洋

N

0km　　　　　　　　　　　1km

台など、300もの数で構成された虎門砲台。広州と南海を結ぶ珠江にあって、その流れがとっくりの喉のようにせまくなる虎門は、広州防衛最大の軍事拠点で、外国船が虎門よりなかに入ることは禁止されていた。1637年に中国との貿易を求めたイギリスのジョン・ウェッデルが艦隊をひきいて虎門を強行突破しようとし、虎門付近で衝突が起こり、1834年に同じくイギリスのネーピアが強行突破を試みた。こうした事態もあって、清代の1717年に横档島と南山に砲台が設置され、1835年、広東水師提督の関天培によってより強力な威遠砲台が造営された。さらに1839年、イギリスの侵攻を想定して林則徐は珠江口を視察し、鄧廷楨、関天培の建

★★★
虎門／虎门 フウメン／フウムゥン
威遠砲台／威远炮台 ウェイユゥエンバアオタァイ／ワアイユゥンバアウトォイ
アヘン戦争博物館(虎門林則徐紀念館)／鸦片战争博物馆(虎门林则徐纪念馆) ヤアピィアンチァンチェンボオウウグゥアン(フウメンリィンゼエシュウジイニィエングゥアン)／アアピィンジィンザンボオッマアッグゥン(フウムゥンラムザアッチョオイゲエイニィムグゥン)

★★☆
虎門鎮(虎門市街)／虎门镇(虎门市街) フウメンチェン／フウムゥンザァン
虎門砲台／虎门炮台 フウメンバァオタァイ／フウムゥンバアウトォイ
珠江／珠江 チュウジィアン／ジュウゴォン
虎門大橋／虎门大桥 フウメンダアチァオ／フウムゥンダアイキィゥ

★☆☆
威遠島／威远岛 ウェイユゥエンダァオ／ワアイユゥンドォウ
海戦博物館／海战博物馆 ハァイチァンボオウウグゥアン／ホオイジィンボオッマアッグゥン
靖遠砲台／靖远炮台 ジィンユゥエンバァオタァイ／ジィンユゥンバアウトォイ
鎮遠砲台／镇远炮台 チェンユゥエンバァオタァイ／ザンユゥンバアウトォイ
蛇頭湾砲台／蛇头湾炮台 シェトォウワァンバァオタァイ／セェタァウワンバアウトォイ
山頂営／山顶营 シャンディンイン／サアンデエンイイン
定洋砲台(鵝夷砲台)／定洋炮台(鵝夷炮台) ディンヤァンバァオタァイ(アアイイバァオタァイ)／ディンヤァンバアウトォイ(ンゴイイバアウトォイ)
三門口(九門寨)／三门口(九门寨) サァンメンコォウ(ジィウメンチァイ)／サアムムゥンハアウ(ガアウムゥンザアイ)
沙角砲台／沙角炮台 シャアジィアオバァオタァイ／サアゴオッバアウトォイ
蒋光鼐故居／蒋光鼐故居 ジィアングゥアンナァイグゥジゥウ／ジョオングゥオンナアイグゥゴオイ
新湾美食街／新湾美食街 シィンワァンメイシイジィエ／サアンワアンメイシイッガアイ
虎門広場／虎门广场 フウメングゥアンチァン／フウムゥングゥオンチァァン
東莞黄河中心大厦(黄河時装城)／东莞黄河中心大厦(黄河时装城) ドォングゥアンフゥアンハアチョオンシンダアシャア(フゥアンハアシイチュウアンチャァン)／ドォングゥゥンウォンホオジョオンサアムダアイハア(ウォンホオシイジョオンセェン)
虎門会展中心／虎门会展中心 フウメンフゥイチァンチョオンシン／フウムゥンウイジインジョオンサアム
虎門公園／虎门公园 フウメンゴォンユゥエン／フウムゥンゴォンユゥン
太平港(虎門港)／太平港(虎门港) タァイピィンガァン(フウメンガァン)／タアイペェンゴオン(フウムゥンゴオン)

議をもとに横档島で鎖といかだをつなぐことで、珠江口を封鎖できるようにした。珠江口両岸を、半円形を描くようにめぐらされた20kmにおよぶこの防御態勢は、鉄壁で「金鎖銅関」「南海長城」と称されてきた。虎門砲台のうち、威遠砲台、沙角砲台はアヘン戦争博物館の管轄となっていて、清代に使われた大砲や兵舎などが残っている。

海戦博物館／海战博物馆★☆☆
🅟 hǎi zhàn bó wù guǎn　🅗 hói jin² bok² mat³ gún
かいせんはくぶつかん／ハイチャンボオウウグゥアン／ホオイジィンボオッマアッグゥン

　ここ珠江口で清朝とイギリスのあいだで行なわれた海戦(アヘン戦争)にまつわる展示が見られる海戦博物館。1839年、林則徐が虎門でアヘンを焼却してからちょうど60年の1999年に創建された。入口には「歴史悲痕、錚錚鉄骨」というアヘン、大砲、戦艦、鉄鎖を組みあわせたキューブ状のモニュメントが立ち、そこからなかには1860点の文物、1400点以上の写真を使って、イギリスによる侵略と、林則徐の虎門でのアヘン焼却、アヘン戦争にいたる経緯が展示されている。海戦博物館そばの威遠砲台は、1835年、広東水師提督の関天培が造営したもので、ここからイギリス軍艦に砲撃をくわえるなど戦果をあげたが、1841年に陥落し、関天培も戦死した。海戦博物館では1840〜42年の第1次アヘン戦争と、1856〜60年の第2次アヘン戦争(アロー戦争)の過程と、この戦争が中国社会にあたえた影響までを説明する。威遠山の地形を利用して立つ海戦博物館は、珠江の水面と同じ高さの水面に浮かぶようで、3階建て、中心の円に、3つの円とひとつの方形がつながるプランをもつ。陳列楼、珠江にのぞむ大広場、遊歩道の観海長堤などからなり、アヘン戦争博物館のひとつを構成する。

鉄壁の体制がとられた、威遠砲台

対岸の広州南沙へと伸びる虎門大橋

靖遠砲台、鎮遠砲台とともに三遠と呼ばれた

アヘン戦争を概観する海戦博物館

威遠砲台／威远炮台★★★

® wēi yuǎn pào tái ⑱ wai¹ yun, paau² toi⁴
いえんほうだい／ウェイユゥエンパァオタァイ／ワアイユゥンパアウトォイ

武山を背にし、珠江が見渡せる場所絶好の場所におかれた海を守る要塞の威遠砲台。「金鎖銅関」「南海長城」と呼ばれた虎門砲台を代表する砲台で、1835年、両広総督の鄧廷楨と広東水師提督の関天培によって造営された。威遠砲台、鎮遠砲台、靖遠砲台はたがいにつながって「三遠（鎖喉骨）」を形成し、この三者は連携して敵にあたることができた。威遠砲台は珠江に突き出すような半月形のプランをもち、全長360m、高さ6.2m、幅7.6mで、40の隠し銃座をそなえている。また官庁、神廟、兵房、薬局、碼頭、厨房、弾薬庫、井戸、排水設備などを抱える要塞でもあった。珠江に向けられた外側がせまく内側が広い八角形の「26の暗砲」、10部屋ずつ2列にわかれて整然と配置された兵士の宿泊と休養のための兵舎だった「清兵営房」などが残る。アヘン戦争（1840～42年）開始当時、ここからイギリス軍艦に砲撃を撃ち込むなど戦果をあげたが、1841年に陥落し、関天培も戦死した。イギリス軍による破壊をこうむったのちの1843年に再建され、第2次アヘン戦争（1856～60年）中に再び破壊された。1882年、両広総督の張樹声によって修復され、その後、役割を終えて現在にいたり、アヘン戦争にまつわる展示も見られる。

珠江／珠江★★☆

® zhū jiāng ⑱ jyu¹ gong¹
しゅこう／チュウジィアン／ジュウゴォン

黄河、長江とならぶ中国華南を流れる大河の珠江。雲南省から流れる「西江」、湖南省、江西省南部から流れる「北江」、江西省から流れる「東江」という支流をあわせ、最大の西江は2129kmの全長をもつ。この珠江が南海にそそぐところには8つの門（代表的な河口）があり、虎門は珠江本流が南海にいたる屈指の要衝であった。古代、広州あたりまで「海」のよう

な体であったが、珠江のもたらす土砂で河口部(番禺や南沙)の陸地化が進んでいった。虎門あたりでは珠江の川幅は3kmにもなり、虎門から先(南海側)はさらに川幅が広がり、虎門より上流を獅子洋、下流を伶仃洋という。「パール・リバー (真珠の流れ) 」と呼ばれる珠江の名称は、広州古城南の珠江中に海珠という砂州があったことからだとも、アラビアやペルシャ商人が交易用の真珠を川底に落とし、それによって川が光ったことによるとも言われる。

靖遠砲台／靖远炮台★☆☆

🔰 jìng yuǎn pào tái　🔰 jìng³ yun, paau² toi⁴
せいえんほうだい／ジンユエンパァオタァイ／ジンユゥンパアウトォイ

珠江に向けられた靖遠砲台は虎門砲台のうち最大規模で、1839年に鄧廷楨と関天培によって建設された。アヘン戦争時、広東水師提督の関天培はここで対イギリスへの作戦の指揮をとったが、1841年、最後は血まみれになりながら玉砕死した。第2次アヘン戦争の1856年にイギリス軍に破壊され、その後の1881年に再建された。清兵営房や城壁跡が残っている。

鎮遠砲台／镇远炮台★☆☆

🔰 zhèn yuǎn pào tái　🔰 jan² yun, paau² toi⁴
ちんえんほうだい／チェンユエンパァオタァイ／ザァンユゥンパアウトォイ

威遠砲台の西側に位置し、連なって虎門の防御態勢をつくっていた鎮遠砲台。1815年におかれた砲台で、アヘン戦争(虎門海戦)中の1841年にイギリス軍に破壊された。1843年に修復、1856年に再び破壊されたのち光緒帝時代の1881年に再建されて、1号から7号まで露天砲が残る。清兵営房のそばに火薬局が位置する。

蛇頭湾砲台／蛇头湾炮台 ★☆☆

🀄 shé tóu wān pào tái　🀅 se⁴ tau⁴ waan¹ paau² toi⁴

じゃとうわんほうだい／シェトウワンパァオタァイ／セェタァウワアンパアウトォイ

　　威遠島西部の三遠砲台の防御機能をよりあげるため、補助砲台としてつくられた蛇頭湾砲台。アヘン戦争後の1843年に建てられたが、1856年の第2次アヘン戦争でイギリス軍に破壊され、1883年に再建された。壁で囲まれた城塞には、三日月形と円形の砲台、隠し通路、隠し部屋、営房などが残る。

山頂営／山顶营 ★☆☆

🀄 shān dǐng yíng　🀅 saan¹ déng ying⁴

さんちょうえい／シャンディンイィン／サアンデエンイィン

　　威遠島西部の南山山頂に構えられた山頂営。全長322mの土壁で囲まれていて、中央には兵舎が残っている。南山は威遠島のなかでも最初(清初の1717年)に砲台がおかれた場所だった。西洋の技術をとり入れる洋務運動のときに、ドイツから輸入された大砲も残る。

虎門大橋／虎门大桥 ★★☆

🀄 hǔ mén dà qiáo　🀅 fú mun⁴ daai³ kiu⁴

こもんおおはし／フウェンダアチャオ／フウムゥンダアイキィゥ

　　珠江河口部にかかり、横档島を越えて虎門(東莞)と南沙(広州)を結ぶ虎門大橋。この虎門大橋は、中国初の本格的な巨大吊橋で全長4.6㎞、主要部分のスパンは888mにもなる。1992年に建設がはじまり、香港が中国に返還された年の1997年に完成した(くしくも珠江がもっともせばまるこの橋のルートは、アヘン戦争時に川底にうたれた杭と鎖でつながれたいかだによる珠江封鎖のルートと同じ)。この橋が完成するまでは対岸への移動には船が使われていたが、虎門大橋の完成で格段に利便性が向上し、珠江デルタ(大湾区)の東岸と西岸の往来をたやすくした。美しい姿を見せ、この虎門大橋が北の獅子洋と南の伶仃洋をわける。

定洋砲台(鵝夷砲台)／定洋炮台（鵝夷炮台）★☆☆

北 dìng yáng pào tái (é yí pào tái)　広 dìng³ yeung⁴ paau² toi⁴ (ngo⁴ yi⁴ paau² toi⁴)

ていようほうだい(がいほうだい)／ディンヤァンパァオタァイ(アァイイパァオタァイ)／ディンヤァンパアウトォイ(ン
ゴイィパアウトォイ)

　威遠島東部に位置する1881年創建の定洋砲台(鵝夷砲台)。
太平水道を通って虎門寨、太平へ続く三門口(入口)を対岸の
沙角砲台とともに防御した。3つの露天砲台のほか、営房、隠
し通路、隠し部屋などが残っている。

三門口(九門寨)／三门口（九门寨）★☆☆

北 sān mén kǒu (jiǔ mén zhài)　広 saan¹ mun⁴ háu (gáu mun⁴ jaai³)

さんもんこう(きゅうもんさい)／サァンメェンコォウ(ジィウメェンチャアイ)／サアムムゥンハアウ(ガアウムゥンザアイ)

　虎門市街を通って珠江口へと流れる太平水道の河口付近
に位置する三門口(九門寨)。虎門太平港と香港や南海を往来
する船が必ず通った要衝で、清初の虎門寨(虎頭門山后寨城)は
この地にあった。1680年、大人山に虎門寨がおかれたこと
から、虎門旧寨とも呼ばれている。

穿鼻島城市案内

南海から訪れた船が最初に出合う穿鼻島
現在は虎門市街と陸続きとなっている
発音の同じ川鼻島という名前も使われている

穿鼻島／穿鼻島 ★☆☆

⑭ chuān bí dǎo ⑤ chyun¹ bei³ dóu

せんびとう／チュゥアンビイダァオ／チュゥンベイドウ

　虎門市街の南西部、南の穿鼻洋(伶仃洋)に面する穿鼻島。もともとは北の広済河と東の磨碟河、西の太平水道で市街から切り離された島だった。島の名前は鼻の穴を穿つ(通る)ようなかたちをしているところにちなみ、穿(北chuān/広chyun¹)と川(北chuān/広chyun¹)は発音が同じため、川鼻島の名前でも知られた。アヘン戦争時に激戦地となり、1841年、大角、沙角砲台を攻略したイギリスのチャールズ・エリオットと、林則徐についで欽差大臣となった琦善とのあいだで穿鼻仮協定が結ばれた場所でもある(香港の割譲やイギリスへの賠償金の支払いが話しあわれたが、清朝はこれを認めず、琦善は罷免された)。穿鼻島には沙角砲台、節兵義墳などが位置する。

沙角砲台／沙角炮台 ★☆☆

⑭ shā jiǎo pào tái ⑤ sa¹ gok² paau² toi⁴

さかくほうだい／シャアジィアオパァオタァイ／サアゴオッパアウトォイ

　対岸の大角砲台(広州南沙)と対峙して虎門を守り、虎門市街へ続く太平水道の入口部分の沙角山に残る沙角砲台。清代の1800年創建で、虎門砲台のなかでもっとも南海に近い位置から、ほかの砲台へ合図を送ったり、空砲を撃って外国

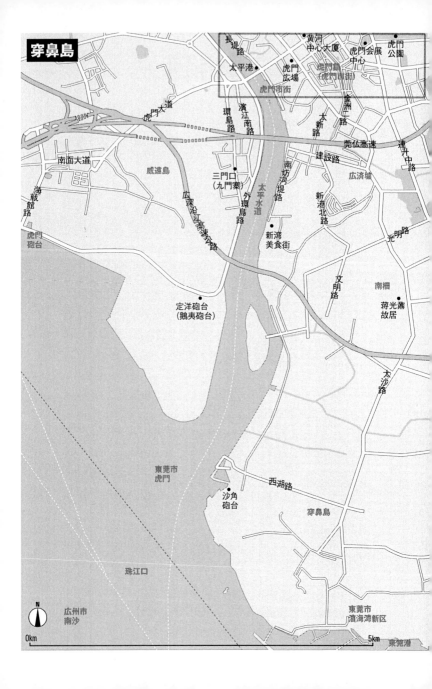

船を停止させたり、その荷物の臨検を行なう役割を果たしていた。大砲は西を向き、アヘン戦争では陳連升父子が守っていたが、1841年にイギリス軍の猛攻を受けて陥落し、沙角砲台を守っていた600名の清軍のほとんどが戦死した。その後修復されたが、1856年に再びイギリスによって破壊された。1884年に建てられた「沙角砲台門楼」、虎門太平港に入る船を見張った「沙角瀬海台」、隠し通路で結ばれた3つの円形の「露天砲台」があり、その目前には1889年に製造された砲身9.6mのドイツのクルップ社製の克虜伯大砲が残る。そこからすぐそばに林則徐がアヘンを没収した場所の「繳煙碼頭」があり、「林公則徐紀念碑」が立っている。また旗山の中腹に位置する要塞で1885年建造の「沙角臨高台」、前捕魚台、后捕魚台、左捕魚台、右捕魚台の4つからなる砲台で1883年修建の「沙角捕魚台」、アヘン戦争で死んだ引き取り手のいない75名の遺体を地元住民が仮埋葬し、その後、白草

★★★
虎門／虎门 フウメン／フウムゥン
★★☆
虎門鎮 (虎門市街)／虎门镇 フウメンチェン／フウムゥンザァン
虎門砲台／虎门炮台 フウメンバァオタァイ／フウムゥンバアウトォイ
珠江／珠江 チュウジィアン／ジュウゴオン
★☆☆
穿鼻島／穿鼻岛 チュウアンビイダァオ／チュウンベェイドォウ
沙角砲台／沙角炮台 シャァジィアオバァオタァイ／サアゴオバアウトォイ
蒋光鼐故居／蒋光鼐故居 ジィアングゥアンナァイグゥジゥウ／ジョオングゥオンナアイグゥゴオイ
新湾美食街／新湾美食街 シィンワァンメイシイジィエ／サアンワアンメイシッガアイ
威遠島／威远岛 ウェイユゥエンダァオ／ワアイユゥンドォウ
定洋砲台 (鵝夷砲台)／定洋炮台 (鹅夷炮台) ディンヤァンバァオタァイ (アアイイバァオタァイ)／ディンヤァンバアウトォイ (ンゴイィバアウトォイ)
三門口 (九門寨)／三门口 (九门寨) サァンメェンコォウ (ジィウメェンチャアイ)／サアムムゥンハァウ (ガアウムゥンザアイ)
虎門広場／虎门广场 フウメェングゥアンチャアン／フウムゥングゥオンチャアン
東莞黄河中心大厦 (黄河時装城)／东莞黄河中心大厦 (黄河时装城) ドングゥアンフゥアンハアチョオンシィンダアシャア (フゥアンハアシイチュウアンチャアン)／ドォングゥンウォンホオジョオンサアムダアイハア (ウォンホオシイジョオンセェン)
虎門会展中心／虎门会展中心 フウメェンフゥイチャアンチョオンシィン／フウムゥンウイジインジョオンサアム
虎門公園／虎门公园 フウメェンゴオンユゥエン／フウムゥンゴオンユゥン
太平港 (虎門港)／太平港 (虎门港) タァイピィンガアン (フウメェンガアン)／タアイベェンゴオン (フウムゥンゴオン)
東莞市濱海湾新区／东莞市滨海湾新区 ドングゥアンシイビィンハァイワァンシィンチュウ／ドォングゥンシイバァンホオイワアンサアンコォイ
東莞港／东莞港 ドングゥアンガアン／ドォングゥンゴオン

山麓に埋葬しなおした「沙角節兵義墳」、1884年造営の5つ
の砲台をそなえた「沙角侖山砲台」、旗山の山腹にある「沙角
旗山砲台」などから構成されている。

蒋光鼐故居／蒋光鼐故居 ★☆☆
🄱 jiǎng guāng nài gù jū　🄶 jeung¹ gwong¹ naai, gu² geui¹
しょうこうだいこきょ／ジィアングゥアンナァイグゥジュウ／ジョオングゥオンナアイグゥゴオイ

　1930年に広東省で成立した十九路軍をひきいた軍人の
蒋光鼐故居。蒋光鼐(1888〜1967年)はここ東莞虎門南柵で生
まれ、国民党の北伐に参加、日中戦争時には十九路軍を組織
して戦果をあげた。蒋光鼐故居は1930年に建てられた2階
建ての洋風建築で、「荔蔭園」ともいう。蒋光鼐の生涯を紹介
する展示が見られるほか、背後の山麓には蒋光鼐父母の墓
も残る。

新湾美食街／新湾美食街 ★☆☆
🄱 xīn wān měi shí jiē　🄶 san¹ waan¹ mei, sik³ gaai¹
しんわんびしょくがい／シィンワンメェイシィジィエ／サアンワアンメェイシイッガアイ

　太平水道をくだった新湾には虎門漁港があり、ここで陸
揚げされた魚類を出す新湾美食街(海鮮美食街)。新湾のはじ
まりは1970年代、東江にいた水上居民ともとからいた虎門
の漁民を集めて街をつくったことによる。虎門新湾の漁師
は珠江の河口付近の海に出て、巻き網漁を行なって生計を
立てている。

東莞糖廠之長李鈞硯

呈

廣東東莞塘廈嵗

北京爛縵胡同

報東莞書官

○內信寄至北京前門

紙書什畫百元文廣

祝壽什號利

毋親周氏收

漢壽命昌

慶王六

宣子孫洗銘云宜子孫

虎門郊外城市案内

虎門市街ができる以前の集落も残る虎門郊外
莞城と結ばれた地下鉄や香港、広州へ続く高鉄の駅
虎門への玄関口になる場所でもある

虎門駅／虎门站★☆☆

北 hǔ mén zhàn　広 fú mun⁴ jaam³
こもんえき／フウメンチアアン／フウムゥンザアム

　虎門市街の北部に位置し、地下鉄と高速鉄道の駅がある
ターミナルの虎門駅(高鉄虎門駅)。東莞の大動脈である地鉄
2号線がここ虎門(虎門火車駅)と莞城を結び、広深港高鉄は香
港と深圳、東莞(虎門高鉄駅)、広州を結ぶ。高速鉄道の広深港
高鉄は2018年に営業を開始し、香港西九龍、深圳福田、深圳
北駅、東莞虎門、広州南駅をわずかの時間でつなぐ。この高
速鉄道の途上の東莞では、南部の虎門に駅がおかれること
になり、それは虎門の地理的条件が大湾区(珠江デルタ)の一
都市として適していることを意味した。ちょうど香港九龍
と広州東駅を結ぶ九広鉄路が東莞北部(常平、石龍)を走って
いるのと対称をなしている。

郭真人古廟／郭真人古庙★☆☆

北 guō zhēn rén gǔ miào　広 gwok² jan¹ yan⁴ gú miu³
かくしんじんこびょう／グゥオチェンレェングウミィアオ／グゥオッザアンヤングウミィウ

　市街部から北に離れた虎門鎮白沙の地に残る道教寺院の
郭真人古廟。郭真人は陝西興元府の人で、宋理宗年間(1224〜
64年)に広東按察使となった父について東莞にやってきた。
そして虎門新聯村の地を気に入ってここで庵を結んで暮

らしていたが、1248年、干ばつが続いたとき、郭真人は自ら薪をくべて自身を焼くことで雨を降らせたという。こうして郭真人は仙人として民間信仰の対象となって現在にいたる。郭真人古廟は幅7m、奥行14mで、明代の1432年に創建され、清代の1839年に重修され、嶺南の建築様式を見せる。清道光年間(1820～50年)の『真人古廟重修碑記』が廟内に残る。

***

虎門／虎门 フウメン／フウムゥン

アヘン戦争博物館(虎門林則徐紀念館)／鸦片战争博物馆（虎门林则徐纪念馆） ヤアピィアンチァンチェンボオウヴゥアン(フウメンリィンゼエシュウジイニィエングヴァン)／アアピィンジィンザァンボオッマアゥグゥン(フウムゥンラムザアッチョオイゲエイニィムグヴン)

威遠砲台／威远炮台 ウェイユウエンパァオタァイ／ワアイユウンパアウトオイ

★★☆

虎門鎮(虎門市街)／虎门镇 フウメェンチェン／フウムゥンザァン

虎門旧城鎮(太平)／虎门旧城镇（太平） フウメェンジィウチャアンチェン(タァイピィン)／フウムゥンガァウセェンザァン(タアイペェン)

虎門砲台／虎门炮台 フウメェンパァオタァイ／フウムゥンパアウトオイ

虎門大橋／虎门大桥 フウメェンダアチャオ／フウムゥンダアイキィゥ

★☆☆

虎門広場／虎门广场 フウメェングゥアンチャアン／フウムゥングゥオンチアアン

虎門会展中心／虎门会展中心 フウメェンフゥイチャアンチョオンシィン／フウムゥンウイジインジョオンサアム

虎門公園／虎门公园 フウメェンゴォンユゥエン／フウムゥンゴォンユゥン

太平港(虎門港)／太平港（虎门港） タァイピィンガァン(フウメェンガァン)／タアイペェンゴォン(フウムゥンゴォン)

威遠島／威远岛 ウェイユゥエンダアオ／ワアイユゥンドオウ

海戦博物館／海战博物馆 ハァイチャンボオウヴゥアン／ホオイジィンボオッマアゥグゥン

珠江／珠江 チュウジィアン／ジュウゴォン

定洋砲台(鵝夷砲台)／定洋炮台（鹅夷炮台） ディンヤァンパァオタァイ(アアイイパァオタァイ)／ディンヤァンパアウトオイ(ンゴォイイパアウトオイ)

三門口(九門寨)／三门口（九门寨） サァンメェンコォウ(ジィウメェンチャアイ)／サアムムゥンハアウ(ガアウムゥンザアイ)

穿鼻島／穿鼻岛 チュウアンビイダァオ／チュウンベイドオウ

沙角砲台／沙角炮台 シャアジィアオパァオタァイ／サアゴォッパアウトオイ

蒋光鼐故居／蒋光鼐故居 ジィアングゥアンナァイグゥジュウ／ジョオングゥオンナアイグゥゴオイ

新湾美食街／新湾美食街 シィンワァンメェイシイジィエ／サアンワァンメェイシイッガアイ

虎門駅／虎门站 フウメェンチャアン／フウムゥンザアム

郭真人古廟／郭真人古庙 グゥオチェンレェングゥミィアオ／グゥオッザアンヤァングゥミィゥ

白沙郭氏大宗祠／白沙郑氏大宗祠 バァイシャアチェンシイダアゾォンツゥ／バアアッサアゼェンシイダアイジョオンチイ

東莞市濱海湾新区／东莞市滨海湾新区 ドォングゥアンシイビィンハァイワァンシィンチュウ／ドォングゥンシイバァンホオイワアンサアンコォイ

東莞港／东莞港 ドォングゥアンガァン／ドゥングゥンゴォン

白沙鄭氏大宗祠／白沙郑氏大宗祠★☆☆

北 bái shā zhèng shì dà zōng cí 広 baak³ sa¹ jeng³ si² daai³ jung¹ chi⁴

はくさていしだいそうし／バァイシャアチェンシイダアゾォンツウ／バアアッサアゼェンシイダアイジョオンチイ

河南省を出自とし、南宋(1127～1279年)時代に華南に南遷してきた鄭氏の子孫によってつくられた白沙鄭氏大宗祠。当時、南海に近い虎門では塩が豊富で、白沙鄭氏は塩の管理にあたっていた。元代になると兵が駐屯する白沙寨がつくられ、明(1368～1644年)初、巡検司という役人がおかれて虎門でもっとも繁栄した商業集散地となっていた。白沙の鄭氏は明代中期にはすでに大家族となり、その子孫は数々の成功をおさめたという。白沙鄭氏大宗祠は宋代創建のものを前身とし、明万暦年間(1572～1620年)、清代の嘉慶年間(1796～1820年)に再建された。幅15.8m、奥行36mで、中庭が奥につらなる伝統的な嶺南建築で、屋根のうえには装飾が載っている。

東莞市濱海湾新区／东莞市滨海湾新区★☆☆

北 dōng guǎn shì bīn hǎi wān xīn qū 広 dung¹ gun¹ si², ban¹ hói waan¹ san¹ keui¹

とうかんしひんかいわんしんく／ドォングゥアンシイビィンハァイワァンシィンチュウ／ドゥングゥンシイバァンホオイワァンサァンコォイ

香港、マカオ、深圳、広州、東莞の一体化をうけて、虎門郊外にもうけられた東莞市濱海湾新区。珠江に面する交椅湾、沙角半島、威遠島におよぶ開発区で、海洋産業、製造業、サービス業などの企業が集まっている。東莞港(虎門港)、深圳宝安国際空港の便を使え、広州南沙と深圳前海、蛇口にも近い。

東莞港／东莞港★☆☆

北 dōng guǎn gǎng 広 dung¹ gun¹ góng

とうかんこう／ドォングゥアンガアン／ドゥングゥンゴオン

内河港区(太平)、麻涌(新沙南)港区、沙田港区、沙角港区、長安港区から構成される東莞港。もともと東莞の港は虎門太平港と、そこから東江をさかのぼった莞城にあったが、船舶

の大型化や遠距離輸送の必要もあって、珠江口に大規模な港湾施設がつくられた。かつてこの港は虎門港といったが、珠江デルタ（大湾区）の一体化もあって、2016年に「東莞港」と改称された。東莞市濱海湾新区の開発が進むなか、空港、貿易港のあわさった機能をもつ。

こちらは莞城と虎門のちょうど中間に位置する厚街鎮の様子

東莞各地の名所が描かれている

常平鎮の街角の様子

石龍鎮の東莞駅、莞城、広州、香港へのアクセス拠点

東莞市北部城市案内

常平鎮、寮歩鎮、茶山鎮、石龍鎮
東莞郊外には明清時代の墟(市場)を前身とする
鎮がいくつも点在して併存している

東莞駅／东莞站★☆☆

㉛ **dōng guǎn zhàn** ㉞ **dung¹ gun¹ jaam³**

とうかんえき／ドォングゥアンチァアン／ドゥングゥンザアム

　南の深圳(羅湖)方面から、塘厦鎮、樟木頭鎮、常平鎮、石龍鎮へと大きく弧を描きながら走り、広州へ続く九広鉄路。九広鉄路が1911年に開通して以来、東莞駅は常平駅にあり、ここが恵州、北京方面へ続く交通の要衝であった。こうしたなか莞城、虎門方面へと伸びる南北の地下鉄が開通し、街の整備が新たな局面を迎えるなか、2013年に既存の東莞駅を常平駅とし、地下鉄と交わる新たに建設された新石龍駅が東莞駅となることが決まり、翌年、開業した。東莞駅＝新石龍駅は既存の石龍駅の2.7km南、茶山側にあり、ちょうど東江が南支流と北支流のわかれる地点にあたる。この東莞駅から口岸を越えて直接香港に行けるほか、広州方面、また東莞中心部(莞城)へのアクセスもよい。

石龍鎮／石龙镇★☆☆

㉛ **shí lóng zhèn** ㉞ **sek³ lung⁴ jan²**

せきりゅうちん／シイロンチェン／セエッロンザァン

　東莞市北部に位置し、東江上流の恵州、増江の増城(広州)と、ここから下流の莞城、虎門を結ぶ貿易市場として栄えてきた石龍鎮。今から3500年ほど前には石龍に人が住んでい

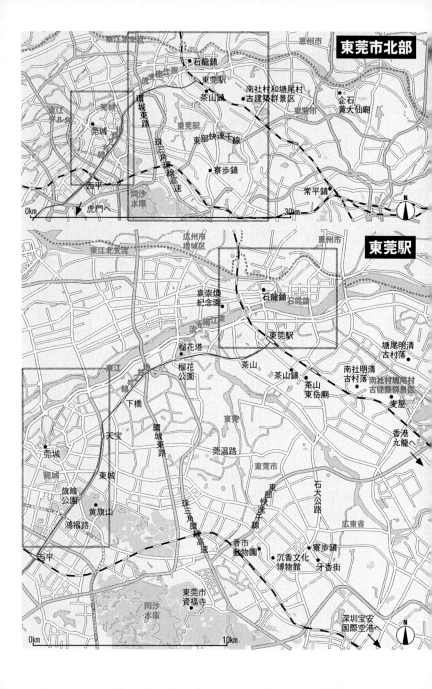

東莞市北部

石龍鎮
東莞駅
茶山鎮
南社村和塘尾村
古建築群景区
企石
黄大仙廟
東莞駅
莞城
莞城線
環城東路
東部快速干線
珠三角環線高速
寮歩鎮
常平鎮
虎門へ
同沙水庫
0km
30km
N

東莞駅

広州市
増城区
恵州市

東江北支流

袁崇煥
紀念園
石龍鎮
石龍鎮

東莞駅
浜江南江黄

塘尾明清
古村落

榴花塔
茶山
南社明清
古村落
南社村塘尾村
古建築群景区

榴花
公園
茶山鎮
茶山
東岳廟
麦屋

東江
号橋
下橋
環城東路
東莞

香港
九龍へ

莞城
莞城
旗峰
公園
東城
莞温路
東莞市
石大公路

黄旗山
珠三角環線高速
寮歩鎮
広東省

鴻福路

東部快速干線
香市
動物園
牙香街

西平
沉香文化
博物館

東莞市
資福寺
同沙
水庫

深圳宝安
国際空港へ

0km
10km
N

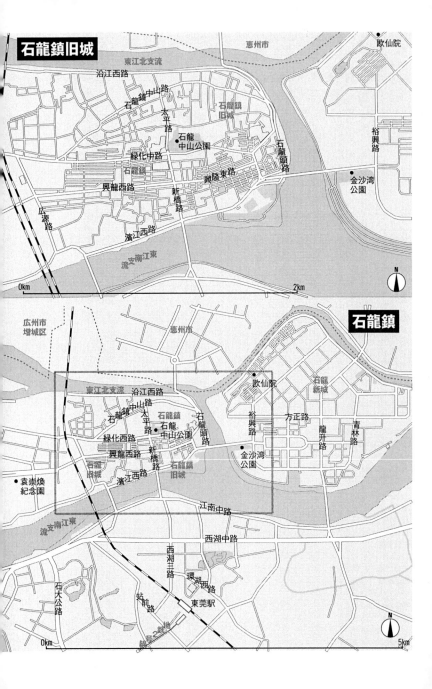

たというが、この地に圩(市)が開かれたのは明嘉靖年間の1537年のこと。もともと東江の中洲に過ぎなかったが、水路を通じて四方にいたる地の利から商業が盛んになり、綿花、靴、果物などの店が出てにぎわい、明末には紡績、染布、竹細工などの手工業で有名になった。清乾隆年間(1735〜95年)にはその発展から石龍鎮となり、恵州や潮州と肩をならべる存在へと成長した。東江の水利を最大限に使えることから、清末民初、広州、仏山、順徳陳村とともに広東四大名鎮と呼ばれ、莞城、虎門太平と往来する客船は200を超えたという。1911年に九広鉄路が開通して、その路線が石龍鎮を通ると東江一帯の木材や竹が石龍鎮から香港へ運ばれた。近代、孫文(1866〜1925年)は14回も石龍鎮を訪れ、恵州の軍閥陳炯明と戦いを繰り広げたほか、周恩来もたびたびこの地を訪れている。それはここ石龍鎮が東莞(莞城)と恵州、広州増城の交わる要衝だったことを示している。現在、鉄道と地下鉄の乗り入れる東莞駅が石龍近くにおかれたことで、莞城との

★★★
莞城／莞城 グゥアンチャアン／グゥンセェン
★★☆
石龍鎮中山路／石龙镇中山路 シイロォンチェンチョオンシャンルウ／セエッロォンザァンジョオンサアンロウ
南社村和塘尾村古建築群景区／南社村和塘尾村古建筑群景区 ナァンシェチュンハアタァンウェイチュ
ングゥジィアンチュウチュンジィンチュウ／ナアムセエチュウントォントォンメエイチュウングウギィンジョオックゥワンギインコォイ
南社明清古村落／南社明清古村落 ナァンシェミィンチィングゥチュンルゥオ／ナアムセエミィンチィングゥチュウンロォッ
旗峰公園／旗峰公园 チイフェンゴォンユゥエン／ケイフォンゴォンユゥン
★☆☆
東莞駅／东莞站 ドォングゥアンチャアン／ドゥングゥンザァム
石龍鎮／石龙镇 シイロォンチェン／セエッロォンザァン
欧仙院／欧仙院 オオシィエンユゥエン／アオシィンユゥン
袁崇煥紀念園／袁崇焕纪念园 ユゥエンチョオンフゥアンジイニィエンユゥエン／ユゥンソォンウゥンゲエイニィムユゥン
榴花塔／榴花塔 リゥウフゥアタア／ラァオファアタアッ
茶山東岳廟／茶山东岳庙 チャアシャンドォンユゥエミィアオ／チャアサアンドォンゴォミィウ
塘尾明清古村落／塘尾明清古村落 タァンウェイミィンチィングゥチュンルゥオ／トォンメエイミィンチィングゥチュウンロォッ
麦屋／麦屋 マァイウウ／マアッオオッ
寮歩鎮／寮步镇 リィアオブウチェン／リィウボォウザァン
資福寺／资福寺 ズゥフウスウ／ジイフォオッジイ
企石黄大仙廟／企石黄大仙庙 チイシイフゥアンダアシィエンミィアオ／ケエイセエッウゥオンダアイシィンミィウ
常平鎮／常平镇 チャアンピィンチェン／ソォンピィンザァン
東江／东江 ドォンジィアン／ドォンゴォン

アクセスもよくなり、毎年、旧暦5月初旬に行なわれる龍舟（ドラゴンボート）は石龍の風物詩として知られる。東江は、ここ石龍鎮を頂点に東江下流の北本流（北支流）と南支流にわかれ、そして無数の流れとなっていく。

石龍という名称

東江の中洲に過ぎなかったこの地に、明嘉靖年間（1537年）、砂州北岸に圩（市）が開かれた。当時、洪水を防ぐためにいくつもの石を積みあげて堤防をつくり、それは石隆壆と名づけられたので、そこから市場名も石隆圩といった。清乾隆年間（1735〜95年）には官吏が派遣され、「隆」と同じ音の「龍」（北lóng、広lung⁴）の石龍鎮となった。また石龍あたりには東江の底に龍のかたちをした石があって、その石の龍が陸上に顔を出して福地になったともいう。その故事の通り、石龍を龍の頭に見立てれば、ここから無数に流れる東江の支流は龍の胴体に見える。石龍鎮旧市街の東岸に石龍頭路が走る。

石龍鎮の構成

珠江に合流する東江の流れと、香港と広州を結ぶ九広鉄路の線路が交わる地点に位置する石龍鎮。この石龍鎮は、明清時代以来の西側の「石龍旧城」と、東江に浮かぶ中洲状の「石龍新城」からなる。古い街並みが残る西側の旧城では、1929年ごろ、東江にのぞむ北岸にそって「中山路」が整備され、アーケードの騎楼が続き、中華民国時代を彷彿とさせる街並みが残っている。また街の中央に1924年創建の石龍公園を前身とする「中山公園」が位置し、そのなかには1911年の広州黄花崗起義に参加した石龍人にちなんだ「李文甫紀念亭」、黄埔軍校政治部主任の周恩来が演説を行なった場所に立つ「周恩来演講台」などが見られる。ほかには400年を

超す伝統をもつ竹器をあつかう竹器街も石龍旧城の知られた風景だった。一方、石龍新城には道教寺院の「欧仙院」、全長2000m以上続く「金沙湾公園」が位置する。この石龍鎮市街から東江南支流を越えたところで、2014年、新石龍駅こと東莞駅が開業した。

石龍鎮中山路／石龙镇中山路★★☆
北 shí lóng zhèn zhōng shān lù　広 sek³ lung⁴ jan² jung¹ saan¹ lou³
せきりゅうちんちゅうざんろ／シイロォンチェンチョンシャンルウ／セエッロォンザァンジョオンサアンロウ

旧城の北岸、東江にそって湾曲して走るかつての石龍商埠にあたった石龍鎮中山路。長らく東江を使って物資や情報、人は往来し、石龍鎮中山路は明の1537年、東江支流の集まる石龍鎮の地につくられた圩(市)を前身とする。物資や富の集まるこの波止場には商人や貿易商が店を構え、清末には広州、仏山、順徳陳村とならぶ広東四大名鎮を代表する通りとして知られた。現在の石龍鎮中山路の姿になったのは1929年ごろのことで、石龍でもっとも早く整備された騎楼が続く。アーケード状の騎楼は辛亥革命後の1920～30年代に広東省一帯に広がった(当時、国民政府は広州にあった)。埠頭のおかれていた石龍鎮中山路には中華民国時代の面影を残す建築群が見られ、それらは石龍鎮中山路民国建築群と総称される。

欧仙院／欧仙院★☆☆
北 ōu xiān yuàn　広 au¹ sin¹ yún
おうせんいん／オオシィエンユウエン／アオシィンユウン

清朝乾隆年間の1740年に建てられた道教寺院の欧仙院。宋の仁宗(1023～63年)の時代に生きた欧東明をまつり、欧公祠ともいう。東莞石龍出身の欧東明は、羅府山に行き黄野人(仙人)から道を学んで、晩年は故郷に戻って、船渡し業に従事していた。そしてある夜遅く、仙人になったと伝えられる。村人たちはこの欧東明を偲ぶため、祠をつくり、欧公祠

と名づけた。これが欧仙院の前身で、現在の欧仙院は中華民国(1912～49年)時代に創建され、石づくりのアーチがつらなる回廊をもつ。

袁崇煥紀念園／袁崇煥紀念園★☆☆
北 yuán chóng huàn jì niàn yuán　広 yun⁴ sung⁴ wun³ géi nim³ yun⁴
えんすうかんきねんえん／ユウエンチョオンフゥアンジイニィエンユゥエン／ユゥンソンウンゲエイニィムユゥン

　ここ東莞市石碣鎮水南村に生まれた明代の武将、袁崇煥(～1630年)にまつわる袁崇煥紀念園。袁崇煥は科挙に合格したあと、明清交代期(17世紀)に最前線であった遼寧省の守備にあたったことで知られる。ポルトガル製の鉄砲でヌルハチ軍を撃退したが、讒言によって処刑され、袁崇煥の死とともに東北の守りは弱くなり、やがて清軍は北京に入城した。その生涯を紹介する「一代督師袁崇煥」、袁崇煥をまつる袁督師祠などが見られ、この稀代の武将に関する研究や展示を行なっている。2003年に対外開放された。

榴花塔／榴花塔★☆☆
北 liú huā tǎ　広 lau⁴ fa¹ taap²
りゅうかとう／リィウフゥアタア／ラァオファアタアッ

　東江と寒溪河の合流地点にそびえる銅嶺山に立つ明代の榴花塔。八角七層の塔の高さは30mで、茶山の袁昌祚、温塘の袁応文によって明万暦年間(1573～1620年)に創建された。東江の合流地点ではたびたび洪水が起こり、温塘、増埗、茶山あたりの住民は被害を受けていたが、榴花塔を建てることで東江の水を鎮める目的があった。また明代、河川を通じた交易が盛んになり、榴花塔は風水塔にくわえて灯台の役割を果たしていた。榴花塔という名称は、かつてモンゴル軍と戦った宋代の熊飛の故里である榴花村からとられている。榴花塔の立つ榴花公園内には景勝地が点在するほか、この地は日中戦争(1937～45年)で東莞軍と日本軍が最初に戦った場所でもある。

茶山東岳廟／茶山东岳庙★☆☆

🄷 chá shān dōng yuè miào　🄶 cha⁴ saan¹ dung¹ ngok³ miu³

ちゃさんとうがくびょう／チァアシャンドォンユゥエミィアオ／チァアサアンドォンゴゥオッミィウ

　唐の開元年間(713〜741年)に建てられた歴史をもつ道教寺院の茶山東岳廟。泰山の神さまである東岳大帝をはじめ、140を超す神さまがまつってある。この茶山東岳廟の伽藍は南向きで、極彩色の牌楼が立つ。その背後に緑色の屋根瓦を載せる建築が続き、正殿のおかれた中路(主軸線)の左右に東西路が伸びている。大きな象に似ている象嶺に立ち、東岳行宮ともいう。茶山東岳廟のある茶山鎮は、東莞駅東南部に広がり、東莞のなかでももっとも由緒正しい歴史をもつ。梁の武帝(503〜515年)時代、僧人の建てた雁塔寺があり、山にそって茶を栽培したことから茶山と呼ぶという。

南社村と塘尾村古建築群景区／南社村和塘尾村古建筑群景区★★☆

🄷 nán shè cūn hé táng wěi cūn gǔ jiàn zhú qún jǐng qū　🄶 naam⁴ se, chyun¹ tung⁴ tong⁴ mei¹ chyun¹ gú gin² juk¹ kwan⁴ ging¹ keui¹

なんしゃそんととうびそんこけんちくぐんけいく／ナンシェチュンハアタァンウェイチュングウジィアンチュウチュンジィンチュウ／ナアムセエチュウントォントォンメエイチュウングウギィンジョオックゥワンギインコイ

　宋(960〜1279年)代以来、南遷してきてこの地に暮らす一族の集落が見られる南社村と塘尾村古建築群景区。南社村と塘尾村からなり、南社の謝一族、塘尾の李一族というように祖先を同じくする父系家族の営みがこの地にあった。21世紀に入ってから明清時代の古い建築が残る街並みが再評価され、新たに整備された。レンガ、漆喰、鑊耳屋、彫刻などで嶺南地方の装飾が見られ、先祖をまつる祠廟や昔ながらの古い路地が走る。またあたり一帯の湿地は、東莞生態園として開発されている。

南社明清古村落／南社明清古村落★★☆

🄷 nán shè míng qīng gǔ cūn luò　🄶 naam⁴ se, ming⁴ ching¹ gú chyun¹ lok³

なんしゃみんしんこそんらく／ナンシェエミィンチィングウチュンルゥオ／ナアムセエミィンチイングウチュウンロオッ

　茶山鎮に残る珠江デルタの昔ながらの水郷の様子が見

東莞／「アヘン戦争」と莞城・虎門

られる南社明清古村落。南宋(1127〜1279年)末期に、浙江省紹興にいた謝希良の子である謝尚仁がモンゴル軍から逃れるために南遷してきて、1275年にここ南社村に定住した。そして明清時代を通じて謝一族の暮らす集落として持続し、現在では伝統的な牌楼、民居、祠堂が立ち、路地や水路がめぐっている。長い池を中心に謝一族の共通の祖先をまつる「謝氏大宗祠」、100年間生きた長寿者4人を記念した「百歳坊」、そのうちのひとりに捧げられた「百歳翁祠」、清光緒年間の進士となった謝元俊の「資政第」、幅13.75m、奥行21.35mの霊廟「謝遇奇家廟」をはじめとする32の祠堂、250を超す古民居が残る。これらの建築は、三間二廊からなる嶺南の伝統建築であり、石彫や木彫の彫刻、灰塑などで彩られている。また南社村の中心には謝氏8世祖謝譓が明代成化年間(1465〜87年)に植えたというガジュマルが見られる。

塘尾明清古村落／塘尾明清古村落★☆☆

北 táng wěi míng qīng gǔ cūn luò 広 tong⁴ mei¹ ming⁴ ching¹ gú chyun¹ lok³
とうおみんしんこそんらく／タァンウェイミィンチィングウチュンルゥオ／トォンメエイミィンチイングウチュウンロオッ

塘尾村は宋(960〜1279年)代に開かれたと言われ、明清時代のふるいたたずまいを残す塘尾明清古村落。祠堂や里巷(路地)、砲楼、清代(1707年)の古囲壁などが残り、ここ嶺南地方で暮らしてきた塘尾李氏の足跡が見られる。塘尾明清古村落の大小三つの池はそれぞれ蟹の甲羅と蟹の2本の爪に相当し、南門口のふたつの小さな池は蟹の目にあてられる。嶺南地方特有の街並みをもち、明代成化年間(1465〜87年)に創建をさかのぼる古い「李氏宗祠」、明代隆慶年間(1567〜72年)創建で塘尾李氏第10世祖をまつる「景通公祠」、明代万暦年間(1573〜1620年)創建で李氏第12世祖をまつる「梅菴公祠」、松石公祠と琴楽公祠などをくみあわせた「七房庁」などの祠堂が残る。塘尾村では、毎年旧暦3月に康王の祭りを行なっている。

麦屋村／麦屋村 ★☆☆

(北) mài wū cūn　(広) mak³ uk¹ chyun¹
ばくおくそん／マァイウウチュン／マアッオオッチュウン

　ガジュマルの古木群が村を半円状にとり囲み、古い民居が残る茶山麦屋。もともとは「楼閣萌」という名前の集落だったが、明代に「牛過萌」となり、この村の住人のほとんどが麦姓であったため、「麦屋」と呼ばれるようになった（「屋」とは広東語で「家」のこと）。路地が続く通りの脇に民居が残り、古い井戸や書院、時間を知らせる更楼などが残っている。この麦屋村の住人の多くが、華僑として海外に渡ったという経緯もある。

寮歩鎮／寮歩鎮 ★☆☆

(北) liáo bù zhèn　(広) liu⁴ bou³ jan²
りょうぼちん／リィアオブウチェン／リィウボォウザァン

　東江そばの莞城から内陸部に入った寮歩は、東莞の名産品「莞香（よい香りを出す香木）」の産地として知られてきた。寮歩鎮は唐の貞観年間（627〜649年）につくられ、宋元時代には寮歩産の香料を求めて多くの商人がこの地を訪れ、蘇州や杭州の人のあいだで莞香が好まれたという。明代、寮歩鎮には莞香をあつかう店舗が200もあったと伝えられ、清代、「寮歩香市」は広州花市、廉州珠市、羅浮薬市とならぶ広東四大名市のひとつにあげられていた（香港と東莞はもともと同じ宝安県であり、香港という名称はこの莞香の積出港であることによる）。1978年に改革開放がはじまると、ここ東莞内陸部の寮歩鎮にも開発の波がおよび、電子情報産業、自動車関連の工場が進出して、「世界の工場」と呼ばれた東莞の一翼をになうようになった。現在、寮歩鎮には商人たちが集う場所であった「香行会館」、60を超す店舗がならぶ「牙香街」、寮歩香市の歴史や莞香の栽培の仕方、香炉、最高級の香具を展示する「中国沉香文化博物館」、アムールトラやアジアゾウ、キリンなど100種類以上の動物が飼育されている「香市動物園」などが位置する。

資福寺／資福寺 ★☆☆

ⓟ zī fú sì ⓒ ji¹ fuk¹ ji³
しふくじ／ズウフウスウ／ジイフォオッジイ

　東莞屈指の古刹として知られた資福寺は、962年、莞城の中心部(象塔街)につくられた。当時、広州を都とした五代十国のひとつ南漢(917～971年)の朝廷は篤く仏教に帰依し、多くの仏寺が領内にあった。莞城旧城の資福寺には宋代の文人蘇東坡(1036～1101年)も訪れ、『広州東莞県資福禅寺羅漢閣記』を記していて、清の1896年に資福寺の背後に東坡閣が建てられている。こうした歴史をもつ資福寺も、1930年代には仏教僧がいなくなり、小学校として利用された。1974年には大雄宝殿が排斥され、命脈はいったん尽きたが、2009年に再建が決まった。その場所は莞城から離れた東城同沙公園の地で、ここに往年の大雄宝殿や東坡閣などが再建され、観音殿や薬師殿をそなえた新たな東莞仏教文化の発信地となっている。

企石黄大仙廟／企石黄大仙庙 ★☆☆

ⓟ qǐ shí huáng dà xiān miào ⓒ kei, sek³ wong⁴ daai³ sin¹ miu³
きせきこうだいせんびょう／チイシイフウアンダアシィエンミィアオ／ケエイセエッウォンダアイシィンミィウ

　東莞北郊外、企石鎮金交椅山に残る清代(1873年)創建の企石黄大仙廟。企石鎮の東江河畔に暮らす村人の黄潤福は貧しかったが善良で、苦しんでいる者に自分の食べものを差し出すほどだった。ある日、仙人の呂洞賓に出合って自らの道を求めるようになり、ここ金交椅山から東江に身を投げて天に昇った(仙人になった)。周囲の人は黄仙翁祠を建てて、黄潤福をまつり、現在では黄大仙公園として整備され、清代の街並みが再現されている。黄大仙廟への参道では、お祈りに訪れる人とともに線香の匂いがたちこめていて、金交椅山の頂上には見事な楼閣の文昌閣が立つ。そして、毎年、黄大仙祭が行なわれている。企石という名称は、この丘から落ちた石に由来するという。

常平鎮／常平镇 ★☆☆

⓪ cháng píng zhèn　⑭ seung⁴ ping⁴ jan²
じょうへいちん／チャアンピィンチェン／ソォンピィンザァン

　香港の九龍半島と広州を結ぶ九広鉄路が走り、広州、恵州、香港方面を結ぶ交通の要衝の常平鎮(2014年以前、常平駅に東莞駅がおかれていた)。南宋末年(1127〜1279年)に南雄珠璣巷から漢族が南遷してきたことで集落ができ、元、明、清時代を通じて農業や漁業で生活をする人びとの姿があった。清末(1821年)、常平圩(市場)が立ち、官吏とともに穀物を安置する常平倉がおかれて街の発展がはじまった。アヘン戦争(1840〜42年)後の1911年に九広鉄路が完成し、人の往来が多くなり、1978年以降の改革開放では広東省東部の鉄道が集まる常平鎮の立地が注目された。香港からは鉄道1本ですぐに行ける東莞への入口として、珠江デルタの重要な物流拠点として製造業の工場がならぶようになった。「東莞常平商業歩行街」「東宝工農革命軍総指揮部旧址」が位置する。

Dong Guan Jiao Qu
東莞郊外城市案内

東莞市は各地にあるいくつもの鎮が
並立するかたちで構成されている
東莞郊外への旅

広東東江縦隊紀念館／广东东江纵队纪念馆★☆☆

北 guǎng dōng dōng jiāng zòng duì jì niàn guǎn　広 gwóng dung¹ dung¹ gong¹ jung² deoi³ géi nim³ gún

かんとんとうこうじゅうたいきねんかん／グゥアンドォンドォンジィアンゾォンドゥイジイニィエングゥアン／グゥオンドォンドォンゴオンジョンドォイゲエイニィムグゥン

　東莞市大嶺山鎮大王嶺村は、1937〜45年の日中戦争(抗日戦争)中に広東東江縦隊が活動拠点とした場所であり、ここに広東東江縦隊紀念館が立つ。1940年に東江縦隊の前身のひとつである広東人民抗日遊撃隊がこの地でゲリラ闘争をして、この流れはのちに中国共産党による1949年の新中国成立へとつながる歴史的意味をもつ。広東東江縦隊紀念館には、嶺南の客家集落の面影が残り、第三大隊大隊部、会議室、大家団結報社、交通站、糧食加工場、医務所、中山書院などが見られる。写真、絵画、版画、彫刻などで広東東江縦隊の活動を知ることができるほか、日本軍との激戦がかわされた百花洞戦場までも2kmほどと近い。

粤暉園／粤晖园★★☆

北 yuè huī yuán　広 yut³ fai¹ yun⁴

えつきえん／ユゥエフゥイユゥエン／ユゥッファアイユゥン

　東江南支流沿い、水郷地帯の道滘鎮に位置し、川の流れや水をたくみに利用した嶺南を代表する庭園の粤暉園。これは1978年以降の改革開放によって財をなした農民起業家

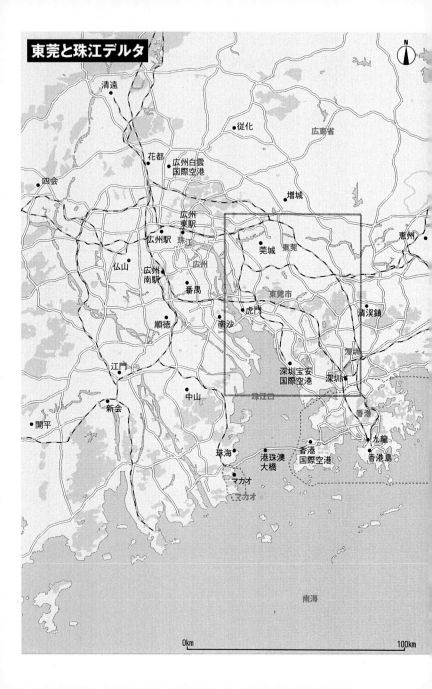

東莞と珠江デルタ

N

清遠

従化

広東省

花都
広州白雲
国際空港

四会

増城

恵州

広州東駅

広州駅

莞城　寮歩

広州

仏山

広州
南駅

東莞市

番禺

清渓鎮

順徳

虎門

樟木頭

南沙

深圳宝安
国際空港

深圳

江門

中山

珠江口

香港

新会

九龍

開平

香港島

珠海

港珠澳
大橋

香港
国際空港

マカオ

マカオ

南海

0km
100km

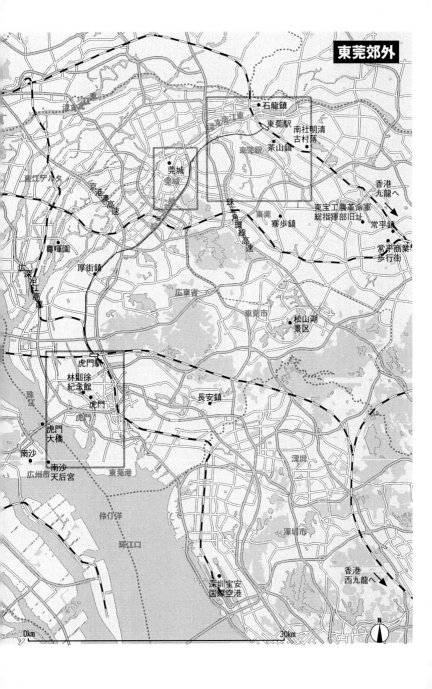

東莞郊外

である痩炳桂による私園であり、亭や楼閣、水榭、曲廊、石橋など、嶺南の古建築と芸術の粋を集めた園林が展開する。正門にあたる幅32.6m、奥行き18.9m、高さ17mの「東正門」、壮大な浮き彫りが見られる照壁の「百蝠暉春」からなかに入ると、粤劇が演じられる現代建築の歌劇院「南韻館」、幅7.56m、高さ9mの5つの牌坊がつらなる「五元坊」、3200m以上の回廊「繞翠廊」、東莞の名称にとり入れられた莞草にまつわる「莞草文化展覧館」などが位置する。

広東観音山国家森林公園／广东观音山国家森林公园★★☆

🀄 guǎng dōng guān yīn shān guó jiā sēn lín gōng yuán 🀄 gwóng dung¹ gun¹ yam¹ saan¹ gwok² ga¹ sam¹ lam⁴ gung¹ yún

かんとんかんのんさんこっかしんりんこうえん／グゥアンドォングゥアンインインシャングゥオジィアセェンリィンゴォンユゥエン／グゥオンドォングゥンヤァムサアングゥオッガアサアムラァムグォンユゥン

　香港、深圳、莞城、広州の中間地帯にあたる立地の東莞市樟木頭鎮に位置する広東観音山国家森林公園。もともとこ

の森林地帯は村の集団農林場であったが、1978年以後の改革開放の高まりを受けて森林公園として整備されることになった。豊かなマイナスイオンを感じられ、1000種近くの植物と300種以上の動物が生息することから、「南天霊秀勝境、森林康養福地」とたたえられる。高さ28m、奥行46m、幅18mの壮大な「観音山門楼」からなかに入ると、楼閣や景勝地が点在し、上部に向かって吉祥路が伸びていく。そして観音山の頂上には人びとにやすらぎをもたらす菩薩(仏教の神さま)の巨大な花崗岩製の観音像が鎮座する。ここ広東観音山国家森林公園には、縁結びにまつわる景勝地が点在する。

松山湖景区／松山湖景区★☆☆
㊗ sōng shān hú jǐng qū　㊙ chung⁴ saan¹ wu⁴ ging keui¹
しょうざんこけいく／ソンシャンフウジィンチュウ／チョオンサアアンウゥギインコイ

　緑に囲まれた東莞市の別天地で、豊かな水をたたえる松山湖を利用した松山湖景区(東莞松山湖高新技術産業開発区)。松山湖は複雑な入江をもつ天然の自然湖(淡水湖)で、湖中には島々が見られ、あたりは風景区として整備されている。1978年からの改革開放を受けて、深圳から東莞へと開発の波はおよび、深圳から遠くない美しい自然を抱える松山湖が注目され、2001年から開発がはじまった。そしてこの地に東莞松山湖高新技術産業開発区がおかれ、IT関連、バイオ産業の企業が集まるようになった。なかでも深圳発で世界的企業へと成長した華為(ファーウェイ)の拠点があり、その開発者大会が行なわれることでも知られる。

厚街鎮／厚街鎮★☆☆
㊗ hòu jiē zhèn　㊙ hau, gaai¹ jan²
こうがいちん／ホウジィエチェン／ハアウガアイザァン

　莞城と虎門というふたつの街のあいだに位置する東莞市の厚街鎮。北宋宣和年間(1119〜25年)、福建人の王泰宦によって築かれた集落がはじまりで、軍舗(市場)背後の后街と呼ば

れ、のちに人びとが豊かになり、「生活豊厚富足」から厚街という街名になった。南宋、元、明、清を通じて多くの移住者がやってきて、魚米の郷を思わせる田園光景が広がっていた。1978年に深圳で改革開放がはじまると、その波がこの地にも波及して、近代的な製造業の街となり、とくに厚街鎮には家具にたずさわる企業が多いところから「家具之都」として知られるようになった。水陸の交通で、広州、莞城、虎門と結ばれていて、2002年に開業した7つの大型展示ホールをもつ「広東現代国際展覧中心」も位置する。

清渓鎮／清溪鎮 ★☆☆
⑪ qing xi zhèn ⑭ ching¹ kai¹ jan²
せいけいちん／チンシイチェン／チインカァイザァン

　東莞に進出した各国企業の工場が多く集まる地域で、日系企業の姿も目立つ清渓鎮。1978年の改革開放で深圳が急速な発展をとげると、その北側に隣接する東莞市東部清渓鎮の地の利が注目された。清渓鎮にはコンピュータ関連の部品をあつかう工場が多く、「世界の工場」としての性格が強い土地となっている。清渓鎮はその名の通り「山清水秀」で、鎮の北部は清渓森林公園、南部には大王山森林公園が広がっている。また明の洪武年間(1368〜98年)以来、客家が移住してきた土地であり、客家文化と嶺南文化が融合する文化をもつ。高速道路が縦横無尽に走り、東莞各地、深圳、恵州への道が通じるほか、1859年創建で、高さ11.15m、幅6.33m、奥行15.15mの「龍嶺古廟」が清渓鎮上元村に位置する。

Machi No Utsurikawari

城市のうつりかわり

広州の東方に位置する莞草の群生する地
莞城、虎門といった性格の異なる地方都市が
並行して異なる歩みを見せてきた

古代 (～紀元前6世紀)

　東莞では、今から5000年前(新石器時代)に人類の暮らしぶりがあり、「珠三角第一村」と呼ばれる莞城の蠔崗遺址はその足跡になっている。古くは漢族とは異なる南越人の暮らす百越の地であった東莞も、紀元前214年に始皇帝を頂点とする秦の南海郡番禺県の領域となった。漢代の紀元前110年、虎門宝安一帯に塩官がおかれるなど、大量の海塩を産する場所であったが、晋(265～420年)以前の東莞は広州、もしくは増城の管轄する一地方に過ぎなかった。たとえば後漢順帝(126～144年)のときは増城に属し、三国時代(224年)のときは深圳南頭に属した。東晋の331年、南海郡から東官郡が分離され、これが東莞の源流のひとつではあるものの、その中心は深圳南頭(宝安県)にあった。南朝宋の文帝(424～453年)時代には莞草の貿易についての記載が見られ、その後の南朝梁の502年に東官郡治は増城(広州郊外)に遷り、507年に東官郡という地名は現在と同じ東莞郡になった。隋の590年に郡が廃止され、州がおかれると、広州宝安県の管轄となったが、東莞は広州や増城の周縁地域であるという性格が続いていた。当時の東莞(東官)という地名は広域をさし、必ずしも現在の東莞とは一致していない。

唐宋元代 (8〜14世紀)

　唐(618〜907年)代の757年、それまで深圳南頭にあった宝安県は、東莞の莞城(到涌という古名をもつ地)に遷され、実質的な東莞の歴史はこのときからはじまる。唐末になると、東莞は清海軍節度使の管轄となり、917年には広州の南関に隷属し、莞城には当時からの伝統をもつ象塔街が残っている。その後、何度か(宋代の972年)、広州ではなく増城県に編入されるなどの紆余曲折があり、1152年には東莞の香山(現在の中山市)が香山県として独立し、東莞地域は縮小していった(香山は東莞から見て珠江の対岸にあたるが、当時、珠江デルタ河口部一帯は海で、島嶼部も東莞が管轄していたが、珠江の堆積による陸地化で行政府がわけられた)。宋(960〜1279年)代の莞城(東莞)は海塩を煮る場所として知られ、広東省と江西省にもその塩は運ばれたといい、また莞城旧城の市橋河ほとりに市が立っていたという。この時代、中原の漢族が嶺南に南遷してきて、開墾が進み、漢族の文化が伝播するとともに、海上交易が発展して、東莞は海のシルクロードの拠点として発展した。唐宋以降、広州の喉元にあたる東莞は、南海からの玄関口となり、元代にはペルシャ人が東莞の莞香(香料)を喜んだと伝えられる。

明清時代 (14〜19世紀)

　明の1368年に広州府がおかれると、東莞はここに属した。当時、中国東南沿岸部は倭寇をはじめとする海賊が跋扈し、東莞はその軍事拠点としての役割が期待された。1381年に莞城に南海衛がおかれ、また東莞(深圳南頭)と大鵬(深圳東部)に千戸所という要塞が築かれた。現在の莞城旧城はこの時代の1384年に建てられたもので、迎恩門城楼(西門)はその当時の姿を今に伝える(同じ東莞市の虎門では1394年に虎門塞が築かれ、やがてこの要塞は現在の虎門市街の近くの大人山に遷った)。明代、東江を通じた経済作物の交易と手工業が盛んになり、明代

陽射しが強く雨の多い東莞で活躍するスタイル

可園邀山閣の最上階、心地よい風がふく

珠江デルタを結ぶ広深港高鉄の虎門駅

の東莞は学問と教育が栄えて、多くの科挙を輩出するよう
になっていた。莞城には書院、寺院、市場がならんでかつて
ないほど繁栄し、また莞城西門外の東江に近い波止場(十二
坊)が発展を見せた。明清時代、虎門、莞城、石龍が東莞を代
表する街となっていて、清の1685年に粤海関が開館すると
虎門太平には分館がおかれ、外国商船の停泊が許された港
となっていた。この時代、莞香をあつかう「寮歩香市」が知ら
れ、東莞から蘇州や杭州へ香木が運ばれたほか、のちにイギ
リス領となる香港は「莞香の積み出し港」を意味した。清代、
東江を通じた貿易は盛んで、東莞の石龍鎮は広州、仏山、順
徳陳村とならぶ広東四大名鎮として知られていた。

清末近現代 (19～20世紀)

　15～17世紀にかけて大航海時代を迎えた西欧は、中国へ
も進出し、1557年、ポルトガルがマカオに居住を許された。
清代の1757年からは外国との貿易は広州一港に限定され、
東莞(虎門)は外国商船の往来を監視する要衝となった。こう
したなか、イギリスは中国茶の輸入で出た赤字をインド産
アヘンの輸出で相殺しようとし、清朝の官吏林則徐はこの
麻薬のとり締まりに強い態度でのぞんだことで、虎門を舞
台にアヘン戦争(1840～42年)が勃発した。結果、清朝は敗れて
1842年の南京条約で莞香の積出港であった香港はイギリス
に割譲された(近代以前、香港と東莞は同じ宝安県に属していて、香港
人のなかには東莞を原籍とする人も多い)。清末、莞城西門外の十二
坊と呼ばれた東江の波止場はにぎわい、1850年から14年の
月日をかけて完成した東莞可園がこの地にあることも注目
される。1911年に辛亥革命が起こると、広州に拠点をおく
国民党(とくに1929～36年の陳済棠時代)の影響から、莞城西門外
に騎楼がもちこまれ、現在、中興路-大西路歴史文化街区を
形成している。また1911年に開通した九広鉄路は東莞北部
の常平鎮や石龍鎮を走り、国共合作後の1925年、蒋介石と周

恩来が石龍と莞城を訪れるなど、東莞は中国近現代史の舞台となった。日中戦争(1937〜45年)時代、東莞には広東東江縦隊の根拠地があり、1949年、中華人民共和国が成立すると、それまでの莞城旧城から南側に新市街がつくられ、街区が拡大した。ただ広東省の省都である広州、イギリス植民都市として発展する香港など、大きな中国史のなかでは、東莞は特筆されることのない嶺南の一地方に過ぎなかった。

改革開放 (1978年〜)

　東莞が大きく飛躍するのは、鄧小平(1904〜97年)主導の改革開放路線が1978年にはじまったことによる。まずその舞台となったのが香港に隣接する深圳だったが、広州と香港、深圳の中間に位置する立地が注目され、東莞の開発が進められた。1988年、東莞は、省と県のあいだの地級の東莞市へと昇格し、より強い権限のもと外資や企業の工場が呼び込まれ、機会と成功を求めて中国各地から出稼ぎ労働者が東莞へと訪れた。1980年代以降、深圳や東莞は安価な労働力を武器に、各国へ輸出する製造業で発展し、とくに東莞は20世紀末のコンピュータの世界的な普及とともに情報機器の世界最大の集積地となった(おもに台湾企業の進出が見られ、世界的なパソコンの供給地であった台湾から東莞へのシフトが起こった)。このような状況は、19世紀なかばに産業革命を成功させたイギリスが「世界の工場」と呼ばれていたことにちなんで、20世紀末以降の中国も「世界の工場」と呼ばれ、東莞では電子部品、衣料品、家具、玩具というように各鎮ごとに特色ある開発が進められた。こうしたなか原料価格や賃金の上昇、ベトナムやバングラデシュなどの新興国の台頭を受けて、2010年代以降、東莞は産業構造の転換をせまられることになった。製造下請け業から金融、情報技術分野などにシフトした深圳に対して、産業の高度化は遅れていた東莞も、金融、情報、化学などの分野を重視する政策をとっている。香

港が中国に返還された1997年に完成した虎門大橋、2018年
に営業を開始した香港西九龍と広州南駅を結ぶ高速鉄道の
広深港高鉄など、珠江デルタの一体化が進み、現在、東莞を
ふくむこの地は粤港澳大湾区というひとつの経済圏として
見られている。

東莞／「アヘン戦争」と莞城・虎門

中国や外資系企業が拠点を構える東莞の松山湖景区

『东莞市志』(东莞市地方志编纂委员会编/广东人民出版社)

『明清时期珠江三角洲区域史研究』(东莞市政协·暨南大学历史系主编/广东人民出版社)

『莞城君带你走进历史文化街区:象塔街』(王小册/搜狐网)

『莞城兴贤里:兴贤里多贤人 赐归巷有忠臣』(廖杏子/东莞文明网)

『时尚之路:虎门服装产业集群变迁』(于永慧/广东人民出版社)

『東江文化的源流探析』(肖春艳/山口大学アジア歴史·文化研究会)

『中兴路—大西路历史文化街区保护性详细规划引关注』(南方日报)

『莞城唐代叫"到涌"』(大洋网-广州日报)

『真香预警!东莞"老莞味"新光明夜市重新开业啦!』(南方日报)

『莞城西正路:见证旧城商业变迁 一代人的记忆』(南方日报)

『东莞:国庆假期莞城新光明夜市人气旺』(余晓玲·通讯员·余文诗·麦卓华/羊城派)

『工业遗存鳒鱼洲华丽"蜕变"! 东莞新文化地标正式开放』(陈灿荣/东莞阳光网)

『东莞民盈·国贸中心T2开放』(陈明·罗升/广州日报)

『东莞商圈调查:东纵大道和运河商圈"风起云涌』(萧曼平/粤港信息日报)

『东莞国际商务区:未来将打造为"世界智造门户、湾区魅力都心"』(秦小辉/羊城晚报)

『旅游丨黄旗山顶挂灯笼』(汤权/梅州日报)

『东莞:虎门寨仁义里巷夜市亮了』(王俊伟/羊城晚报)

『广东省东莞市虎门郭真人古庙』(蓬莱外史/道教之音)

『东莞虎门白沙郑氏大宗祠』(腾讯网)

『日本人のための広東語』(頼玉華著·郭文灝修訂/青木出版印刷公司)

欢迎访问 -东莞市可园博物馆https://www.dgkeyuan.org/

东莞市民盈集团股份有限公司http://www.minyinggroup.com/

东莞市博物馆http://www.dgmuseum.cn/

东莞科学馆http://www.dgkxg/

中共东莞市委台港澳工作办公室http://dgtga.dg.gov.cn/

东莞市科学技术博物馆http://www.dgstm.org.cn/

东莞图书馆·东莞数字图书馆官方https://www.dglib.com/

东莞展览馆http://www.dgec.org.cn/

岭南画院(岭南美术馆) http://www.lnmsg.net/

鸦片战争博物馆http://www.ypzz.cn/f/index

东莞市森晖自然博物馆http://www.gdsenhui.cn/

广东观音山国家森林公园http://www.guanyinshan.com/

东莞市袁崇焕纪念园 首页https://www.ych.org.cn/

东莞文学艺术院http://www.dgwxysw.com/

东莞阳光网http://www.sun0769.com/

中国知网 (Cnki) https://www.cnki.net/

OpenStreetMap

(C)OpenStreetMap contributors

まちごとパブリッシングの旅行ガイド
Machigoto INDIA , Machigoto ASIA , Machigoto CHINA

東莞／「アヘン戦争」と莞城・虎門

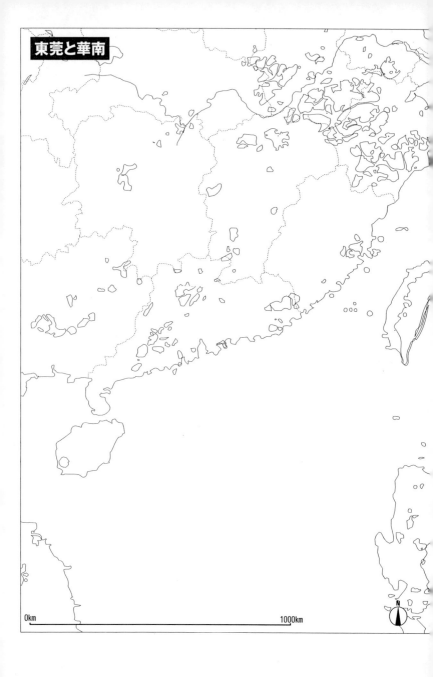

東莞と華南

0km   1000km

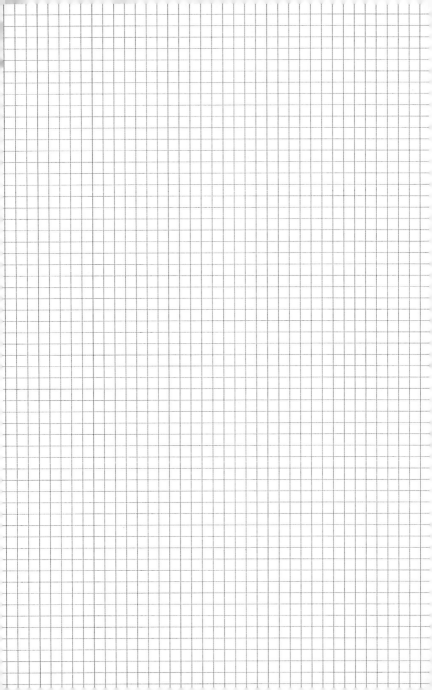

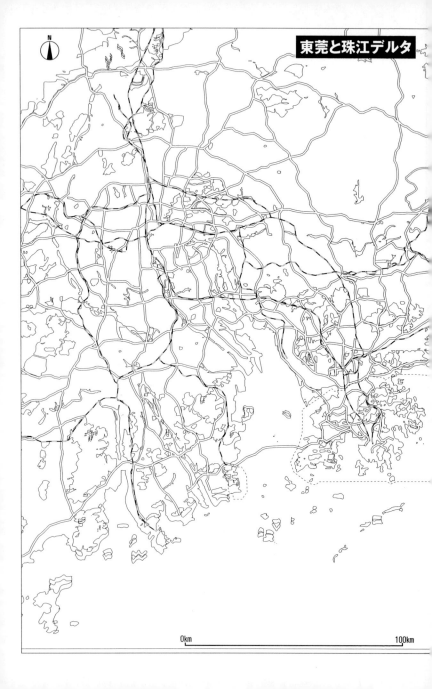

東莞と珠江デルタ

0km　　　　　　　　　　　　　　　　100km

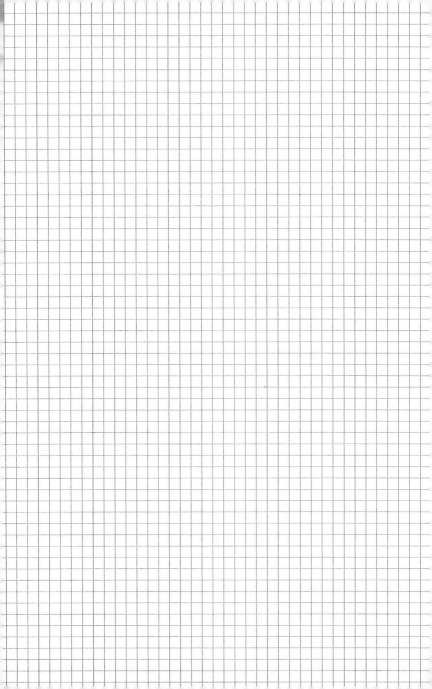

東莞市

0km   30km

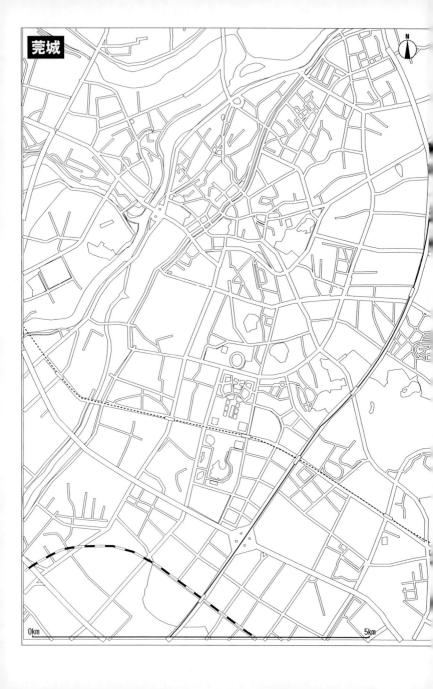

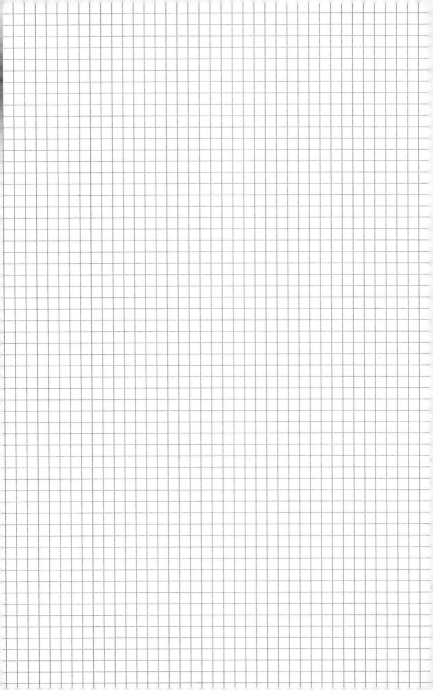

莞城旧城

0km   1km

N

象塔街

0m　　　　　　　　　　　　　　　　　　　500m

莞城中心部

0km　　　　　　　　　　　　　　　　　　2km

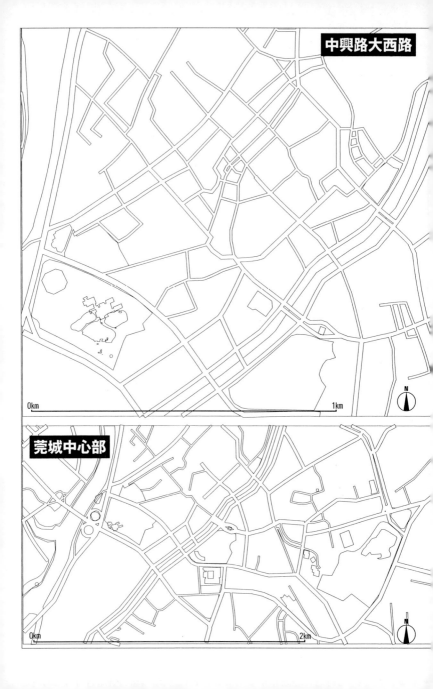

中興路大西路

0km   1km

N

莞城中心部

0km   2km

N

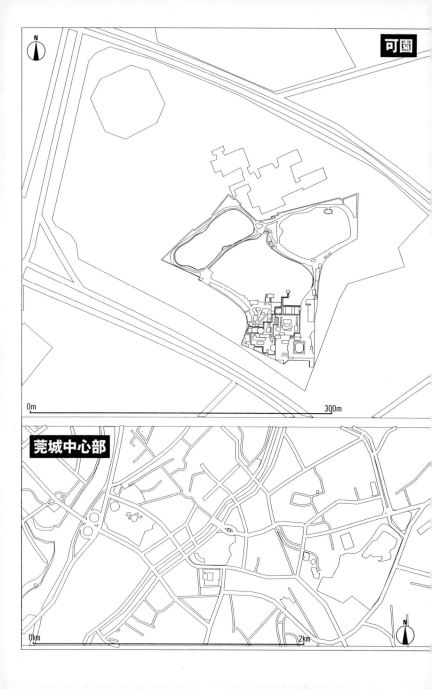

N

可園

0m   300m

莞城中心部

0km   2km

N

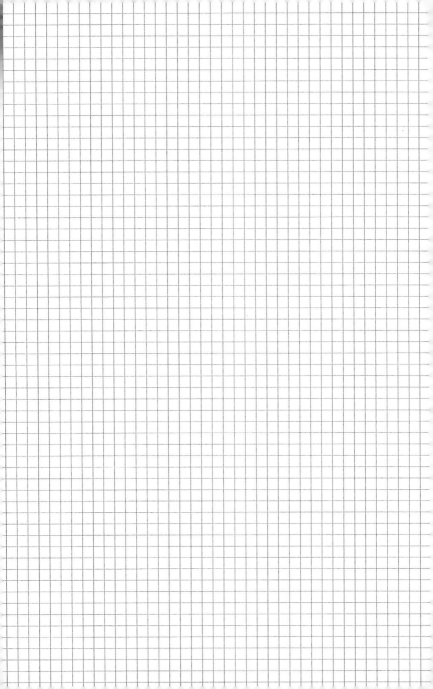

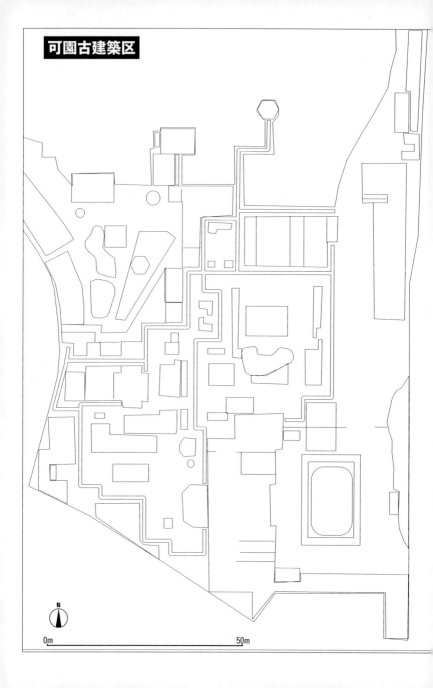

可園古建築区

N

0m   50m

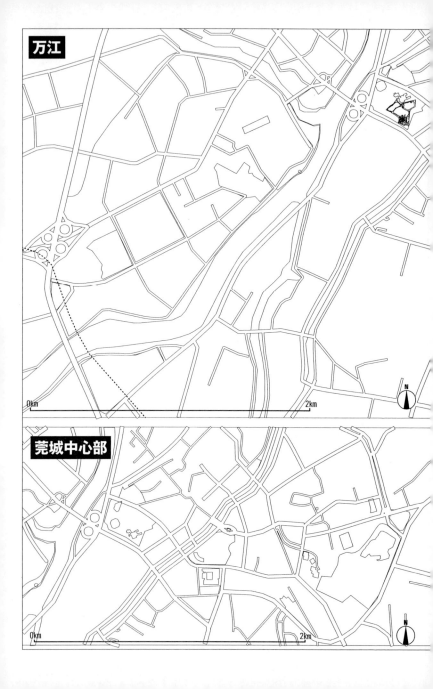

万江

0km　　　　　　　　　　　　　　2km

莞城中心部

0km　　　　　　　　　　　　　　2km

莞城市街

0km   2km

N

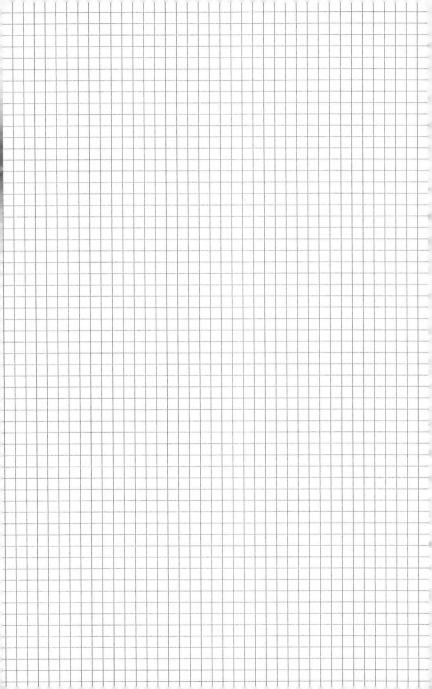

莞城南城

0km   5km

N

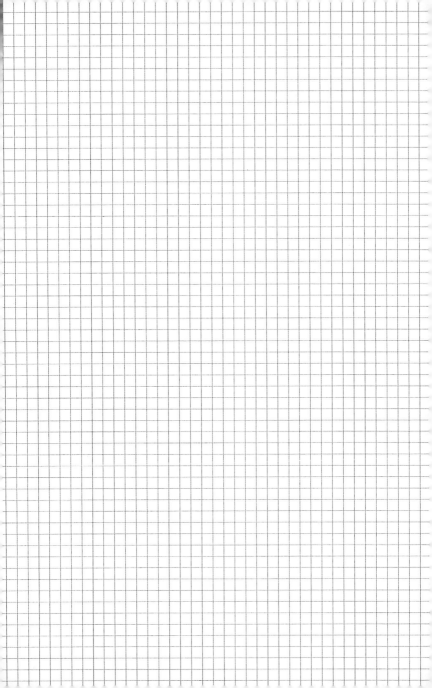

東莞中心広場

N

0km   1km

莞城東城

0km　　　　　　　　　　　　　2km

N

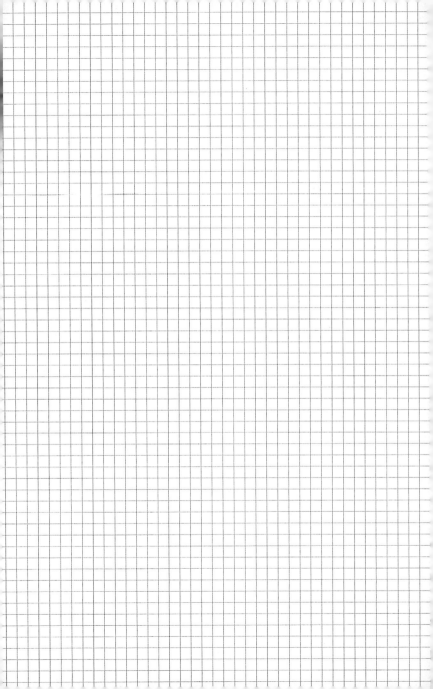

旗峰公園

0m　　　　　　　　　　　　　　500m

N

東莞市

0km   30km

N

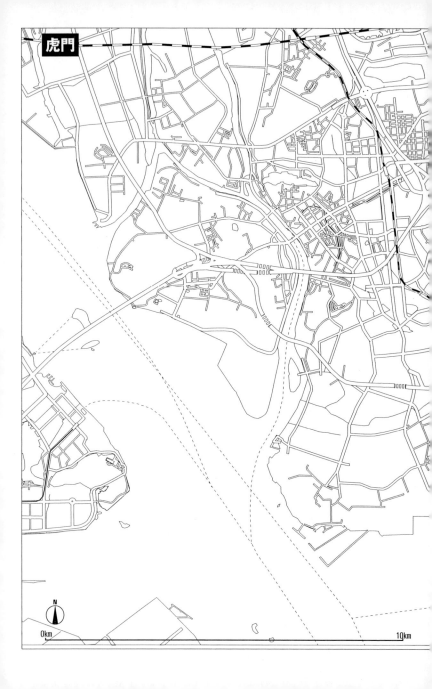

虎門

N

0km   10km

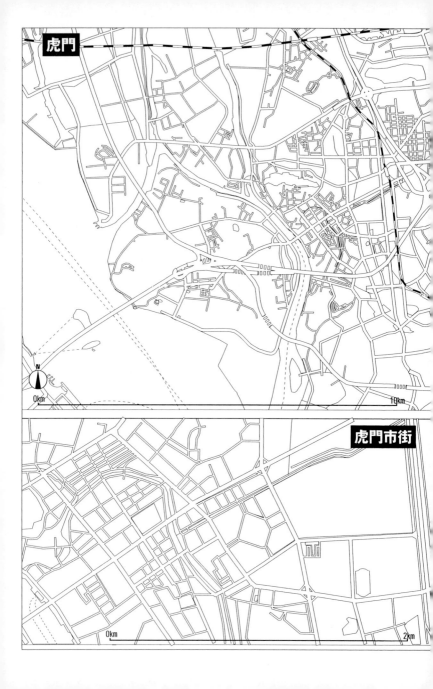

虎門

0km　　　　　　　　　　　　　　　　　　　　　　　10km

虎門市街

0km　　　　　　　　　　　　　　　　　　　　　　　2km

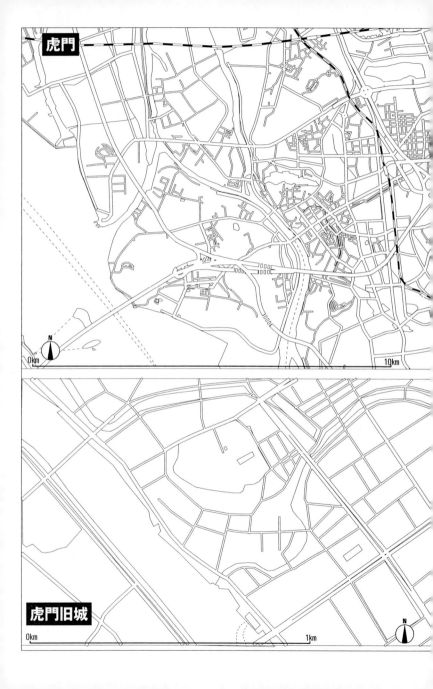

虎門

0km　　　　　　　　　　　　　　　10km

N

虎門旧城

0km　　　　　　　　　　　　　　　1km

N

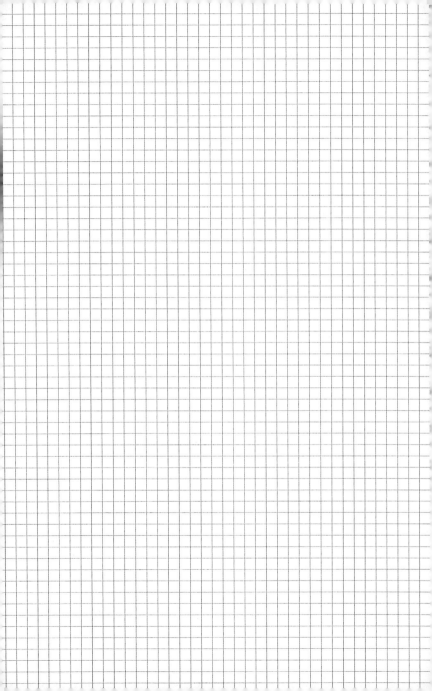

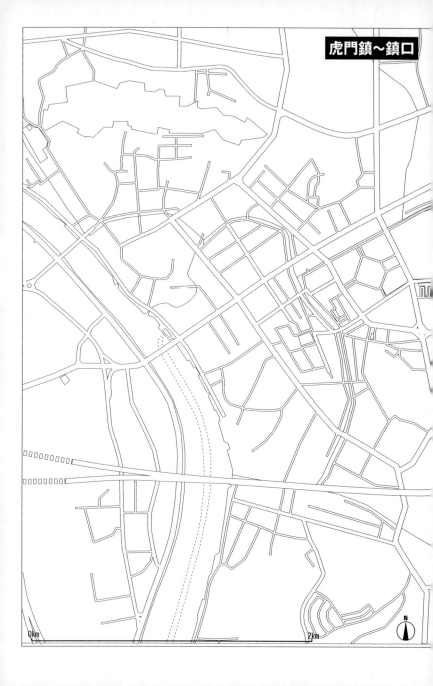

虎門鎮～鎮口

0km
2km

N

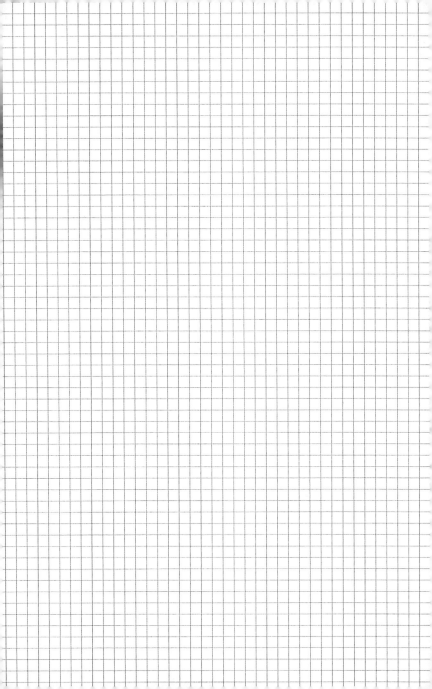

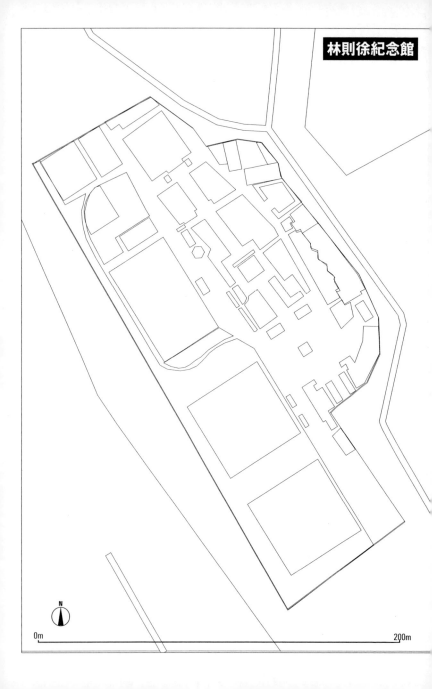

林則徐紀念館

0m   200m

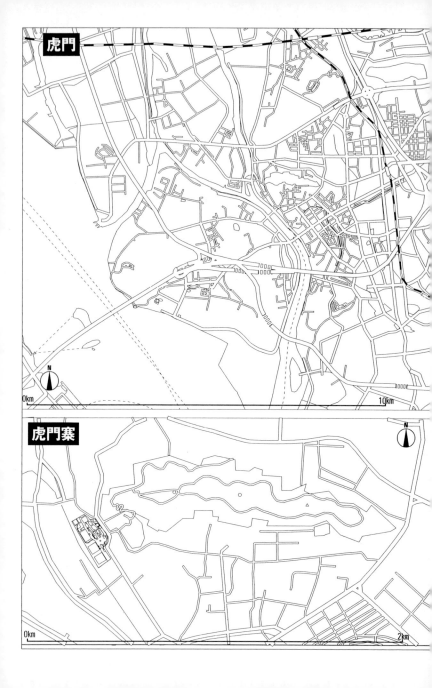

虎門

0km   10km

虎門寨

0km   2km

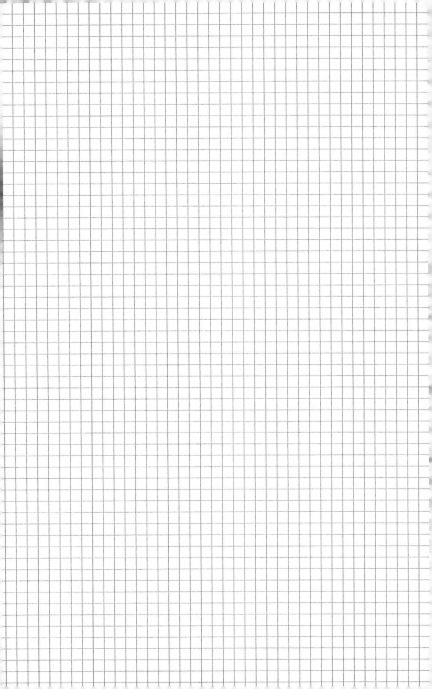

穿鼻島

N

0km   5km

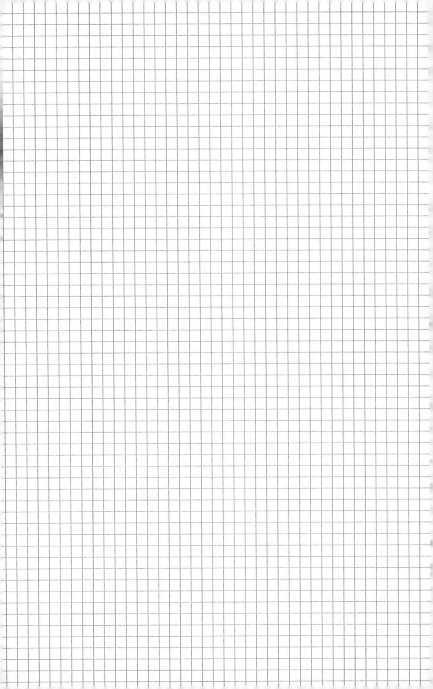

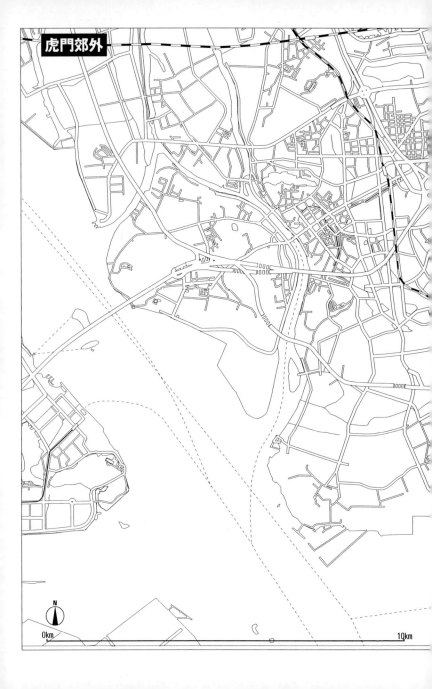

虎門郊外

N

0km　　　　　　　　　　　　　　　　　　　　　　　　　10km

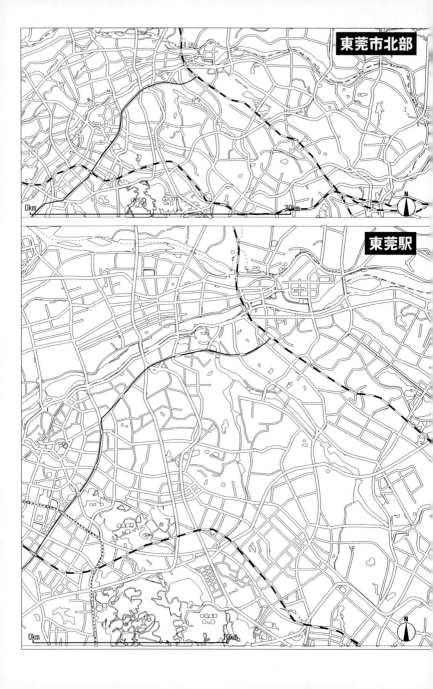

東莞市北部

東莞駅

0km　　　　　　　　　　　　　30km

0km　　　　　　　　　　　　　10km

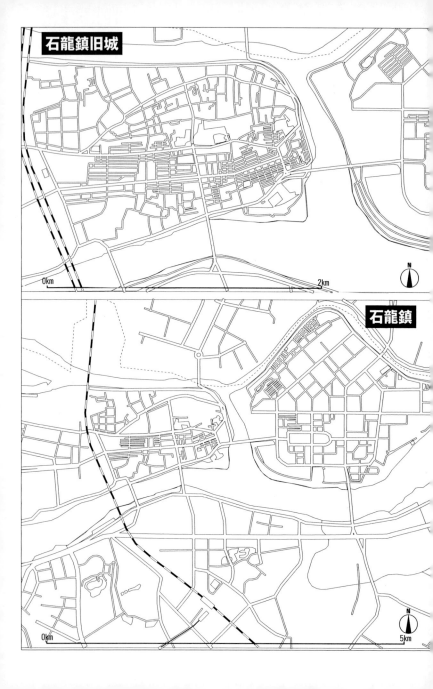

石龍鎮旧城

0km   2km

N

石龍鎮

0km   5km

N

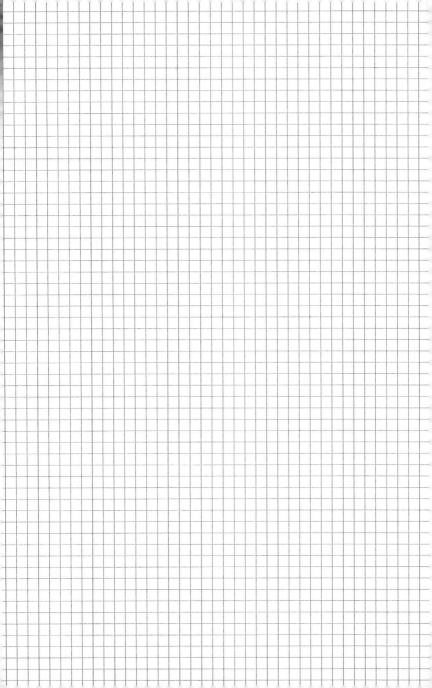

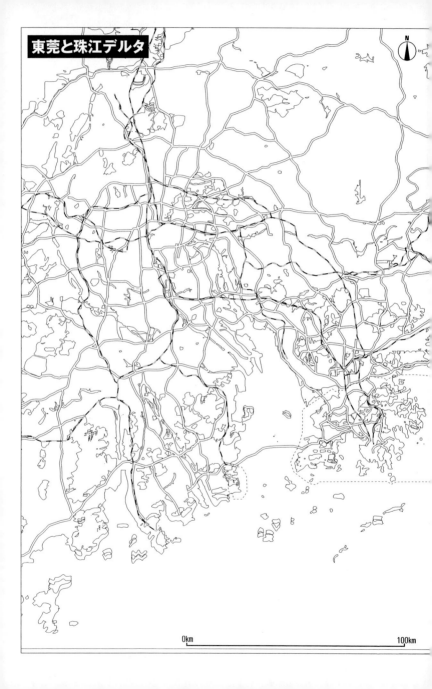

東莞と珠江デルタ

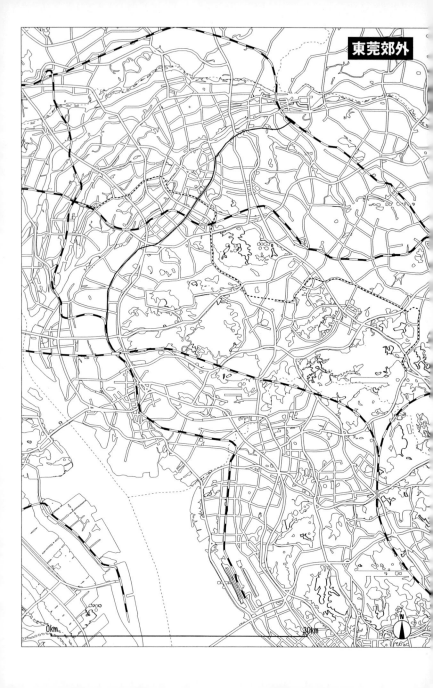

東莞郊外

0km 30km

N

【車輪はつばさ】
南インドのアイラヴァテシュワラ寺院には
建築本体に車輪がついていて
寺院に乗った神さまが
人びとの想いを運ぶと言います

An amazing stone wheel of the Airavatesvara Temple
in the town of Darasuram, near Kumbakonam in the South India

まちごとチャイナ
広東省 006

東莞
「アヘン戦争」と莞城・虎門
［モノクロノートブック版］

「アジア城市（まち）案内」制作委員会
まちごとパブリッシング
http://machigotopub.com

・本書はオンデマンド印刷で作成されています。
・本書の内容に関するご意見、お問い合わせは、発行元の
　まちごとパブリッシング info@machigotopub.com までお願いします。

まちごとチャイナ

［新版］広東省006東莞
～「アヘン戦争」と莞城・虎門

2022年 6月29日　発行

著　者　　「アジア城市（まち）案内」制作委員会
発行者　　赤松　耕次
発行所　　まちごとパブリッシング株式会社
　　　　　〒181-0013　東京都三鷹市下連雀4-4-36
　　　　　URL http://www.machigotopub.com/
発売元　　株式会社デジタルパブリッシングサービス
　　　　　〒162-0812　東京都新宿区西五軒町11-13
　　　　　清水ビル3F
印刷・製本　株式会社デジタルパブリッシングサービス
　　　　　URL http://www.d-pub.co.jp/

MP367